R

47655

SYSTÈME SOCIAL

PRATIQUE

OU

THÉORIE DES INTÉRÊTS MATÉRIELS.

SYSTÈME SOCIAL PRATIQUE
OÙ THÉORIE DES INTÉRÊTS MATÉRIELS.

DE LA PROPRIÉTÉ

Par l'Association,

ET DE

L'ORGANISATION DU TRAVAIL

PAR LA

CORPORATION COLLECTIVE,

Par un Ouvrier Typographe

(IMPRIMEUR).

PARIS.
IMPRIMERIE DE E. BRIÈRE,
Rue Sainte-Anne, 55.

1848.

AOUT 1847.

A Monsieur Eugène Sue.

Si l'homme du peuple, bégayant pour la première fois les mots : Propriété ! Association ! Travail ! cherche autour de lui une intelligence supérieure, afin de lui soumettre ses inspirations et recevoir ses conseils, me repousseriez-vous, monsieur, si mon cœur, dans son choix, vous avait désigné.

Que votre bonté si naturelle, si fraternelle envers les travailleurs—et vos écrits admirables en sont la preuve vivante—ne se démente pas de son principe en me gratifiant tout spécialement d'un sourire bienveillant, qui serait pour moi bien flatteur.

Protégez-moi encore assez, monsieur, contre

mon propre orgueil, en me disant franchement, dans votre réponse, ce que vous pensez de mon œuvre, laquelle m'a été bien rude — infime créature que je suis — de manière, enfin, quoi que vous en ordonniez, que je puisse désormais compter sur votre affection.

Votre très-humble et très-obéissant serviteur,

JOLIBERT,
Boulevard de la barrière Blanche,
Cité Véron, 5.

MARS 1848.

Réponse de M. Eugène Sue

A L'AUTEUR.

« Aux Bordes, lundi matin.

« J'arrive ici à l'instant de Paris, monsieur,
» où les derniers événemens m'ont retenu de-
» puis douze jours. — C'est vous dire qu'à mon
» profond regret, je trouve seulement aujour-
» d'hui les lettres de notre ami Lambert, qui
» m'apprennent le besoin urgent que vous avez
» de votre manuscrit. — Je le fais partir à l'ins-
» tant par exprès, afin qu'il parvienne à Lam-
» bert aujourd'hui, et qu'il vous le remette tout
» de suite.

» Le temps me pressant, afin d'épargner tou
» retard dans l'envoi, je ne puis vous dire que

» sommairement tout le bien que je pense de
votre travail, — et surtout de la clarté qui ré-
» sulte de votre division *trinitaire*, dont l'appli-
» cation me semble en grande partie praticable.
» — Les idées que renferme votre œuvre sont
» tellement *à propos*, qu'elles ne perdront rien
» de leur puissance et de leur actualité, je l'es-
» père, j'en suis certain, et cette conviction me
» rend moins pénible la pensée du retard bien
» involontaire que j'ai mis à vous renvoyer votre
» manuscrit; je regrette que Lambert n'ait pas
» songé à s'informer si j'étais à Paris, et alors
» tout cela ne fût pas arrivé.

» Encore excuse, donc, monsieur et cher con-
» citoyen, il faut faire un peu la part de l'agita-
» tion du moment. Courage donc, l'instant que
» vous appeliez est arrivé; à l'œuvre mainte-
» nant, car les travailleurs ont leur sort, leur
» avenir entre les mains, et les heures solen-
» nelles sont rares dans la vie des peuples.

» Adieu, monsieur, croyez à mes sentimens de
» sympathie et de fraternité.

» Eugène Sue. »

EXPOSITION.

La misère des travailleurs après 1830, celle des ouvriers typographes particulièrement, devenait tellement grande, et leur avenir m'effrayait si fortement, que, vers 1840, je cherchais un moyen, une digue pour lui résister. Je méditais l'association.

Tout fut d'abord un véritable chaos pour ma faible intelligence; mais, fort que j'étais de ma conscience et des conseils que je puisai dans le sein de quelques amis qui me sont toujours restés dévoués et fidèles, et soutenu par cette conviction innée en moi de ne jamais désespérer quoi qu'il arrive, je me mis à l'œuvre avec enthousiasme.

Ce fut un rude labeur pour moi, ouvrier indigne et sans instruction! — Et cependant, quoique déjà bien des années se soient écoulées, mon ardeur est la même; elle s'est même ravivée par les mille difficultés qu'il m'a fallu combattre.

Mais qu'est ceci comparativement à toute une organisation sociale !..... Mission qui m'est arrivée je ne sais d'où ; mission fatale à ma santé ; mission, enfin, qui, depuis huit ans, me poursuit sans relâche et absorbe tous mes instans de repos.

Hélas ! quand je débutai dans mon entreprise d'association, et que je voulus la façonner à l'usage des producteurs matériels, je vis instinctivement d'abord les mille embarras créés par nos lois ; et plus tard, quand mon intelligence comprit mieux ce système d'oppression, je fus épouvanté de la misérable condition faite aux pauvres ouvriers.

L'association permise par nos lois, et tant prônée par nos économistes et socialistes modernes, portera toujours, quoi que l'on fasse, sa tache originelle au front. Ne voyons-nous pas de suite surgir l'exploitation de l'homme par l'homme ? et dès qu'une réunion de sociétaires s'organise pour fonder ou constituer une association quelconque, ne peut-on pas hardiment dire : Ici des exploiteurs, là des exploités ?

N'est-ce pas toujours le monopole de la concurrence du capital contre le travail manuel ? N'est-ce pas encore l'arbitraire cruel du possesseur ancien et moderne envers le dépossédé, que de fournir un capital à celui-ci plutôt qu'à celui-là ? La misère, donc, toujours la misère aux dépossédés ; voilà le *nec plus ultra*, le dernier mot jeté à ceux qui réclament des réformes sociales. Ingrats ! voilà donc enfin l'impasse dans laquelle se fourvoyent nos utopistes, rêveurs d'organisation du travail ! Quel est donc leur aveuglement?...

Admettons encore l'absolue possession d'un capital sufffisant remis aux mains des travailleurs matériels, afin d'exploiter, eux aussi, cette mine féconde — la production matérielle de toutes choses. Que deviendrait alors l'ancien possesseur des industries ? Croyez-vous qu'il se laisserait bénévolement déposséder de son monopole d'exploiteur ou de capitaliste ?

Grande serait l'erreur ! La concurrence qu'il établirait, afin de résister ou de vaincre, serait mortelle et pour lui et pour les travailleurs possesseurs ; ce serait l'anarchie de la production matérielle ; ce serait la mort de toutes les industries ; ce serait enfin un cataclysme social épouvantable, produit tout naturellement par l'établissement absolu de la liberté.

Que serait donc un pareil établissement venant déposséder ceux-ci pour enrichir ceux-là ? Où serait la sagesse de la France dans un enfantement semblable ? Quoi ! la nation par excellence, qui sert de soleil aux autres peuples pour leur constitution politique, serait impuissante pour leur enseigner la constitution sociale !... Non, non, le gouvernement républicain de la France ne faillira pas à sa noble, à sa grande, à sa rayonnante mission ; il saura tout prévoir, tout consolider, tout produire pour le bonheur des peuples !

Si la République, sous le rapport moral et politique, a déjà nivelé tous les hommes, de manière que chaque citoyen, selon son intelligence, son dévoûment, sa moralité, ses vertus, puisse arriver au maniement des affaires du pays, pourquoi désespérer, dans l'ordre social ou principe matériel, d'un moyen niveleur semblable? Espérons qu'un homme sortira de la foule et viendra, par un système nouveau, niveler ces mêmes hommes, de manière enfin que l'être le plus infime, dans telle condition qu'il soit placé, ne puisse s'inquiéter nullement de son lendemain, et que tous les citoyens, selon leur plus ou moins d'intelligence, d'aptitude ou de force corporelle, puissent également, comme dans l'ordre politique, recevoir le prix matériel de leur valeur relative, soit comme travailleurs intellectuels, soit comme travailleurs matériels. Je reviens à mon exposition.

J'étais loin de me douter encore, à cette époque d'enthousiasme, qu'il arriverait un moment dans ma vie où, de conséquences en conséquences, je serais amené à formuler un principe social, et que je m'adresserais non-seulement aux hommes de ma profession, mais encore à tous mes frères en création.

Puisque telle est notre destinée, qu'elle s'accomplisse!... Disons aux possesseurs de la fortune, aux travailleurs intellectuels, aux ouvriers producteurs matériels : que par suite du progrès qui nous pousse, tous nous viendrons infailliblement tourbillonner autour de cet autre soleil : la Propriété!!!

Disons-leur aussi à tous, riches, intelligens ou pauvres, que notre organisation sociale est immense dans ses résultats, et que, seule, elle peut satisfaire suffisamment les besoins matériels des hommes, et par suite répandre sur tous, paix, concorde, bonheur.

Beaucoup de personnes verront de l'orgueil dans cette exposition; d'autres : la Foi.

Il fallait pourtant qu'un ouvrier fît entendre sa voix, et groupât toutes les idées éparses des travailleurs; il fallait une théorie, une organisation sociale à leur point de vue. J'ai pris l'initiative! Ai-je eu tort, ai-je eu raison? C'est au pays de prononcer.

Il fallait enfin qu'un enfant du peuple, sentant énergiquement ses misères et celles de ses frères; comprenant une organisation meilleure et facilement réalisable pour tous, sans secousses, sans violences, osât détruire tout un passé, — désormais impossible, — en flagellant et les hommes et les institutions; sans fiel, sans haine, mais aussi sans crainte, et se crut l'intelligence de créer tout un avenir.

A nous donc, puisque nous nous en sentons le courage, et à vous tous hommes de dévouement qui pullulez sur le sol de notre belle France; patriciens et travailleurs, c'est à vous que j'en appelle; voici mon drapeau, je l'arbore au sein de la capitale, centre de toutes les lumières et de tous les progrès; que tous viennent y puiser la fécondité!!!

Une prière à mes lecteurs : Que les personnes

placées en dehors du cercle où ma position sociale m'a cloué, et d'où je juge et analyse la vieille société, veuillent bien m'excuser et même m'absoudre de mes emportemens, si par fois mon cœur indigné se soulevait contre les monstruosités de notre caduque civilisation.

N. B. Je crois devoir prévenir mes lecteurs et les ouvriers partisans de mes doctrines, que, pour éviter les lenteurs, j'ai supprimé, en copiant textuellement mon ancien manuscrit, tout ce qui se rattachait à l'ancien système gouvernemental déchu, et dont je cherchais à détruire le prestige sur les masses, afin de les amener à formuler unanimement des vœux en faveur d'une réforme sociale ne tendant rien moins qu'à changer radicalement la constitution de l'organisation du travail.

Mes désirs ayant été pleinement satisfaits, puisque la République est définitivement proclamée, c'est à ce nouveau dépositaire de la puissance du peuple souverain que je vais soumettre et mes espérances pour mes frères en misère, et l'organisation que j'ai tant rêvée pour mon beau et loyal pays de France.

Au sortir d'une révolution, tout est chaos, tout est encore à l'état provisoire, en politique comme en ordre social; que les producteurs matériels soient donc assez résignés pour attendre le jour de la justice. Encore quelques jours, et les temps difficiles que nous avons à traverser seront passés. Ces ouvriers, ce peuple, qui naguère étaient encore, aux yeux d'un certain monde, les sauvages de la civilisation, vont enfin être émancipés, et comme hommes, et comme citoyens ! Espérons donc, frères ! L'avenir est à nous, l'humanité nous admire; montrons au monde entier, par notre calme dans la tempête, que nous connaissons l'importance des devoirs sacrés qui nous sont imposés.

PREMIÈRE PARTIE.

CHAPITRE Ier.

MISÈRE DES TRAVAILLEURS ET RÉFLEXIONS A CE SUJET.

Heureuses professions, ouvriers libres ! nous disent les économistes habiles dont les besoins matériels sont largement assurés, de quoi vous plaignez-vous? Ne pouvez-vous pas marcher à la conquête d'un meilleur avenir? Les lois qui nous régissent ne sont-elles pas pour vous les mêmes que pour tous les autres citoyens? L'association n'est-elle pas tolérée en bas comme en haut de la société? De quoi vous plaignez-vous donc? Amères dérisions! discours trompeurs! Arrière! Que les travailleurs probes, honnêtes et amis de la fraternité se tiennent sur leurs gardes; qu'ils ferment leurs oreilles à ces paroles mensongères. Aux ouvriers du privilège, aux serfs du monopole, aux travailleurs typographes, par exemple, lesquels ne peuvent jamais espérer une condition autre — toujours exploités, jamais maîtres, — abandonnés depuis longtemps du pouvoir, qui antérieurement protégeait leurs aînés, que disent-ils? Ils restent muets!... Eh bien! moi, je vais parler, et, m'adressant à tous les exploiteurs des industries dans la personne de nos maîtres typographes, je leur dirai : Écoutez, hauts et puissans traitans et sous-traitans des sueurs et des misères du peuple :

Vous avez tellement ravalé vos professions, que les deux tiers des vôtres sont à la recherche et à la piste de travaux, et n'en trouvent plus; l'art à fait place à l'homme d'argent, la science au négoce; l'anarchie industrielle ou commerciale vous déborde; le mercantilisme le plus éhonté, le laisser faire le plus dévergondé se sont glissés au sein de vos ateliers; rien de sacré, plus rien d'honnête ; véritables piscines à tripotages, vos maisons s'éclipsent chaque jour, votre perte est imminente, et demain peut-être votre ruine sera complète.

A qui deviez-vous vous en prendre d'une position si déchue, si ce n'est à vous-mêmes ! Vous vous êtes fait une concurrence si digne, si morale, et tellement à la hauteur des idées contemporaines :—« Chacun pour soi, Dieu pour tous!—» et poussant cette maxime d'égoïsme à l'absolu, vous vous êtes écriés : — « Tout pour moi, rien pour les autres ! »

Ainsi, dans l'imprimerie, qui nous servira souvent d'exemple pour démontrer des faits, cette même concurrence des professions libres, malgré le monopole qui devait sauvegarder la typographie, activa sa chute par l'apparition des machines, lesquelles lui servirent de puissant auxiliaire dans l'accomplissement de son œuvre satanique.

Les premiers maîtres imprimeurs qui, depuis 1830, commencèrent ce redoublement de concurrence, y furent conviés sans doute par la rapidité de production matérielle obtenue par la machine ; ils crurent, les insensés, dans leur soif de tout envahir, de tout accaparer, qu'eux seuls, au détriment de leurs confrères, feraient une fortune immense et rapide. Hélas ! combien était aveugle l'esprit de ces hommes ; ils n'aperçurent pas, tout près d'eux, deux cents autres machines bien plus puissantes par leur rapidité, prêtes à rivaliser avec les leurs.

La guerre que vous vous êtes livrée est encore palpitante ; elle semble même reprendre une nouvelle activité du conflit qui s'opère maintenant entre ces machines ; de nouvelles s'établissent ; leur volume et leur rapidité augmente d'une manière effrayante, et ceci se conçoit ; car le progrès, qui toujours marche et marchera éternellement, démolira demain ce qu'il avait inventé la veille.

Ainsi, comme les hommes qu'elles ont renvoyés et réduits sans pain, eux et leurs nombreuses familles, ces premières machines seront bientôt silencieuses à leur tour, et vont prochainement mourir ; elles seront là, pesant de tout leur poids dans le désespoir du maître consterné et ruiné.

Depuis plus de quinze ans que l'excessive concurrence et le laisser-faire illimité industriel et commercial des professions libres se sont glissés au milieu de vos ateliers privilégiés, en êtes-vous plus riches? Le tribunal de commerce est là, avec ses pages vivantes, sur lesquelles sont inscrites vos nombreuses faillites, pour vous donner le démenti le plus formel. Qu'on les feuillette ces pages! et nous y lirons : que depuis 1830, il y a eu cent fois plus de faillites qu'en deux cents ans auparavant ! ! ! C'est ainsi encore que, par suite des tristes effets et des résultats irritans de cette soif accapareuse et égoïste qu'ont les exploiteurs de vouloir saisir la fortune aux dépens de leurs semblables, que l'excès du mal succède à l'excès du lendemain, et qu'enfin tout tombe, tout croule et tout est près de finir.

O privilége! ô monopole! qu'êtes-vous devenus ? Quelle est donc votre puissance devant le progrès, cette idée qui est dans l'air que nous respirons, qui nous étreint et qui nous pénètre par tous les pores? Vous n'êtes bientôt plus qu'un triste lambeau des temps aristocratiques passés.

Disons donc, pour en terminer, qu'il y a anarchie, qu'il y a désorganisation complète dans la constitution industrielle et commerciale ; mais disons aussi bien haut, afin que l'on nous entende : — Jusques à quand les producteurs matériels seront-ils condamnés, eux si pleins de vie, à assister à leurs propres funérailles? En effet, les machines, qui ne devraient être pour les travailleurs que des moyens de soulagement dans la tâche pénible de la production, viennent, au contraire, donner un nouvel essor à la concurrence, et activer, par conséquent, la ruine et la disparition de ces derniers.

Si donc la concurrence illimitée et le laisser faire sans contrôle peuvent impunément, despotiquement même, détruire toutes les prévisions humaines et tout ce que l'homme a de plus sacré, son bien-être matériel quotidien, pâture que l'on peut restreindre, mais supprimer, jamais, soyons donc sans pitié pour cette hydre à deux têtes, et mettons-là à mort.

Remarquons, en outre, que tout ce que nous venons de dire de la désorganisation sociale qui va s'accomplir et des misères poignantes que supportent avec résignation les classes laborieuses commencent, hélas ! à se refléter à leurs yeux, et qu'enfin, par la comparaison et l'analyse des hommes et des choses, elles arrivent à dire :

Voyez l'Angleterre, de toutes les nations la plus avancée dans le système destructeur de Malthus (1), réduite déjà à des expédiens déplorables pour un des Etats les plus civilisés de

---

(1) Voici à peu près le fond de ce système :
« Un homme qui vient dans un monde déjà occupé,
» si ses parens n'ont pas des moyens d'existence à lui
» assurer et si les riches n'ont pas besoin de son travail,
» est réellement de trop sur la terre. Au grand banquet
» de la nature, il n'y a pas de couvert mis pour lui ; la
» nature lui commande de s'en aller, et elle ne tardera
» pas elle-même à mettre cet ordre à exécution. »

l'Europe, frappant un impôt sur le riche, afin de nourrir ses nombreux ouvriers inoccupés et mourant de faim, mesure insuffisante encore pour nos malheureux frères d'Irlande.

L'Allemagne, l'Italie, la Belgique et la Hollande, la Prusse et l'Espagne murmurent contre ce système de ruine qui s'y est déjà infiltré. Notre patrie, la France, ne présente-t-elle pas aussi des symptômes alarmans? N'avons-nous pas eu également, mais de loin en loin, Dieu merci, des orages grondant sourdement, il est vrai, mais toujours précurseurs d'une tempête prochaine? Des idées de communisme, de fouriérisme, de socialisme se sont répandues parmi nous ; mais espérons que la venue miraculeuse du grand mouvement républicain qui vient de s'accomplir noiera, dans ses développemens sociaux ultérieurs, tous ces modernes systèmes, qui n'avaient dû leur enfantement qu'à l'excès du mal produit par une monarchie déchue et disparue pour toujours.

Toutefois, n'allons pas, ô vous tous, mes frères en création, par des chants d'allégresse, témoigner notre quiétude à l'égard de la tranquillité factice qui se produit aujourd'hui. Craignez, craignez surtout de raviver ce feu qui couve au milieu des masses. Soyez donc calmes, vous tous qui n'avez rien à gagner dans l'anarchie !......
Tous, riches et pauvres, nous avons fait notre devoir : les premiers, en assurant du pain par le travail aux nombreux ouvriers que renferme la capitale ; les derniers, en rentrant dans les ate-

liers, où désormais ils ne doivent plus séjourner que dix heures par jour, afin d'assurer du travail au plus grand nombre possible.

Que tous, maîtres et ouvriers, persévèrent dans cette sage réserve, afin de donner le temps au gouvernement définitif et aux représentans du peuple souverain de s'occuper activement de cette suprême question : *l'organisation du travail.*

Laissant donc derrière nous toutes les nouvelles théories d'organisation du travail, mais sans dédain ni amertume de notre part, nous allons tracer une marche plus active, plus réalisable, plus immédiate, quelque chose de plus pratique : une combinaison des intérêts matériels reliant tous les élémens de la vieille civilisation à la nouvelle, et procurant à tous les hommes, paix, concorde et bonheur.

Citoyens de mauvais vouloir de haut et bas étage, tenez-vous-le pour dit : si vous persévériez dans vos coupables rancunes contre les hommes qui veulent aujourd'hui l'établissement de la fraternité, arrière ! Vous tous qui ne voulez pas du progrès de crainte d'ébranler le monde, à quoi bon vos rancunes ? ne faut-il pas que les destinées de la France s'accomplissent?

Fort de l'appui de cette grande et imposante masse des travailleurs intelligens et laborieux ; fier des encouragemens qui nous ont été prodigués par une foule de généreux citoyens, nous avons la conviction intime que, confondant nos différentes croyances auxquelles nous ferons individuellement quelques concessions et même quelques sacrifices, nous arriverons pacifiquement au but si désiré.

Que les prosélytes de nos croyances se pénètrent donc bien de tout ce qu'il a fallu de persistance et de temps pour fonder un principe, une institution sociale. L'individualité n'a eu jusqu'ici que des années, des mois, des jours pour son ouvrage d'homme; la civilisation ou l'agglomération des êtres n'a eu également que des siècles pour accomplir son œuvre, et arriver, de transformation en transformation, à l'ordre social sous lequel nous sommes encore provisoirement courbés; l'humanité entière, enfin, aujourd'hui, par les enseignemens qui lui sont arrivés d'un passé qui fuit, d'un présent qui tombe et d'un avenir qui nous touche, comprend sainement toute l'harmonie sociale républicaine incarnée dans dans cette trinité : propriété, association, travail, qui forme un digne pendant au symbole trinitaire politique : liberté, égalité, fraternité.

Je ne suis ni publiciste, ni philosophe, je suis tout simplement un ouvrier dont le sens instinctif peut-être est plus développé que chez quelques-uns de mes frères en misères. Je suis doué en outre d'une grande persistance et d'une foi vive en des temps meilleurs; j'appartiens de cœur et d'âme à la grande famille des dépossédés ; toutes mes sympahies lui sont acquises, par suite de nos malheurs communs ; toutes les pulsations de mes artères ne battent que pour elle et par elle; mes veilles et mes travaux, en dehors des exigences matérielles péniblement et difficilement réalisées que réclame la famille, ne sont, hélas! qu'un faible tribut que je lui paie; heureux mille fois, si mes efforts peuvent la convaincre et la conduire au bonheur!

CHAPITRE II.

DE LA PROPRIÉTÉ ET DE SES MÉTAMORPHOSES. CONSÉQUENCES DÉSASTREUSES QUI EN ONT DÉCOULÉ. MONOPOLE DE L'ARGENT.

Remontons un peu avant 89, et examinons superficiellement quelle était la position et des hommes et de la propriété.

La société Française était organisée en trois classes : la noblesse, la bourgeoisie, et le peuple, lequel était, comme aujourd'hui, la portion la plus nombreuse et la plus malheureuse.

La fortune de la France était ainsi divisée : richesse territoriale aux mains de la noblesse ; richesse industrielle et commerciale aux mains de la bourgeoisie ; travail matériel, servage, salaire aux mains du peuple.

Les places supérieures, les honneurs, toutes les distinctions appartenant de droit et comme héritage à la noblesse, en formaient une caste exclusive, ne pouvant descendre dans les deux conditions au-dessous d'elle sans se compromettre, ou même sans s'effacer et disparaître.

L'industrie, le commerce, le lucre enfin, appartenant par la force des préjugés de la noblesse, les institutions de l'époque et l'abjection des travailleurs matériels à la bourgeoisie, faisaient de celle-ci une classe privilégiée, ayant pour appui l'orgueil d'en haut—les nobles, la misère d'en bas—le peuple.

Le travail manuel était la seule ressource de cette grande masse compacte d'êtres infimes placés aux derniers degrés de l'échelle sociale et communément stigmatisés du nom de peuple, croupissant par la force des institutions dans le bourbier infect où les tenaient amoncelés nos bourgeois d'alors, qui s'en servaient comme d'auxiliaires dans leurs menaces au pouvoir, ou d'instrument passif pour leur fortune.

Mais aussi, hâtons-nous de le dire, la vieille société absolutiste, avec ses jurandes, ses maîtrises et ses mille priviléges, qui clouaient toute sa vie l'ouvrier à son labeur avait du moins son côté matériel protecteur que les temps présens n'offrent plus. Semblable aux ouvriers nègres de nos colonies, l'ouvrier blanc de France ne s'occupait presque pas de son avenir, sûr qu'il était de travailler toute sa vie ; et en outre, faisant presque partie de la famille du maître qui l'exploitait ou l'employait continuellement, aujourd'hui, demain et toujours, il était devenu peu soucieux de ses besoins matériels, garantis qu'ils étaient par suite de cet état de choses.

En outre, la noblesse et les nombreuses communautés religieuses venaient en aide à ce même peuple des villes et des campagnes aux époques calamiteuses, et, avec leurs aumônes abondantes, nourrissaient ceux qui avaient faim.

N'allons pas croire non plus qu'à cette époque de servage les cœurs des travailleurs d'alors se soulevaient d'indignation comme aujourd'hui au mot d'Aumône, et que sur leur drapeau, s'ils en avaient eu un, ils eussent songé à inscrire la moderne légende lyonnaise : « Vivre en travail- » lant ou mourir en combattant! » Ils bénissaient la main qui les secourait, et leur intelligence n'allait pas jusqu'à leur démontrer que ceux qui les empêchaient de mourir étaient leurs bourreaux!... le cri de liberté n'avait point encore vibré à leurs oreilles.

Mais enfin, ce qu'une monarchie de huit siècles avait lentement et laborieusement organisé, ce qu'un grand ministre, par les pénibles efforts d'une volonté de fer, avait subjugué et soumis au pouvoir unitaire-royal-absolu, toutes ces élaborations gigantesques et anti-naturelles des siècles passés disparurent un jour enfin comme par enchantement devant la grande voix de la nation! Car voyez-vous, frères, il est écrit aux voûtes du ciel : « la voix du peuple, c'est la voix » de Dieu. » Trône et noblesse furent renversés.

Cette royauté absolue, cette noblesse féodale furent violemment jetées la face contre terre, et leur fortune—la propriété—dévorée par leur rivale, la bourgeoisie; leurs droits, leurs prérogatives, leurs honneurs passèrent dans les rangs de leur antagoniste.

Mais bientôt de ce chaos, alors que la tempête

fut apaisée, un bien-être matériel pour la bourgeoisie surgit instantanément, car elle fut âpre à la curée; puis vinrent ensuite les audacieux et les rusés, comme toujours, qui surent mettre à profit les circonstances!.... Mais le peuple, lui, ne fut point convié au partage des dépouilles!... Il fut proclamé libre, le malheureux, et s'endormit en étouffant la liberté!!.... Il n'a rien gagné à ce pêle-mêle, à ce renversement d'intérêts matériels; la propriété lui échappa comme toujours; instrument ou auxiliaire des caprices de cette bourgeoisie régénérée, il ne fut pas admis au banquet national; dès que l'ordre régna, que la tourmente fut calmée, que tout eut repris son niveau, ce même peuple fut refoulé en bas et malheureux comme auparavant.

Depuis 1830 jusqu'en février 1848, que voyons nous? Cette même bourgeoisie, devenue aristocratique par la possession, et qui avait eu déjà l'imprudence, au 18 brumaire, de se donner un maître, le poids des affaires publiques lui devenant trop lourd alors, par suite de son abrutissement dans un *far-niente* sensuel, brisa enfin, après quarante années de persistance et de luttes intellectuelles et progressives, cette autre noblesse que l'empire et la restauration avaient cherché, l'un à rajeunir, l'autre à reconstituer, en vue des temps féodaux, et la força de prendre rang dans sa classe, où elle se confondit.

De cet alliage d'élémens si divers surgit bientôt une aristocratie épouvantable, n'ayant rien de comparable à celles qui l'avaient précédée, ni à la noblesse des vieux parchemins qui était du moins fière du rang qu'occupait la France parmi les nations, et chatouilleuse à l'excès sur le point d'honneur, — ni à celle de l'empire, qui provoquait l'admiration du pays par sa gloire et ses hauts faits ; — une aristocratie sacrifiant le mérite, les vertus, l'honneur, toutes les idées du juste et de l'injuste, enfin, à un *dieu* unique : le *Veau d'or* ! Aristocratie dont encore aujourd'hui, mars 1848, toute espèce de propriété foncière, mobilière, industrielle, commerciale, est la proie, et qui, enfin, par l'exploitation qu'elle fait peser sur l'homme intelligent et matériel, est arrivée au monopole le plus arbitraire, le plus despotique qui se soit jamais vu.

Cette nouvelle caste sans nom, après avoir confisqué à son profit la révolution de 1830, voulait, dans sa soif de domination, agir en souveraine ; conserver et transmettre à sa lignée, non-seulement sa fortune, ceci se conçoit, c'est légal, mais encore ses honneurs et son rang, en conservant dans ses mains la chaîne de notre esclavage, et en nous exploitant toujours, aujourd'hui, demain, éternellement !

Elle oubliait, l'orgueilleuse, les institutions que réclamait le peuple, qui depuis 1830 a grand désir d'organisation de plus d'un genre ; elle fermait l'oreille à nos protestations ; elle jouait au grand seigneur. Ne se riait-elle pas déjà aussi de la presse, sentinelle avancée des mœurs et des libertés publiques ?

Cette caste, pour en finir, qui ne datait que de 1830, et qui semblait l'oublier à chaque instant, nous lui dirons : Si vous n'aviez encore aujourd'hui, mars 1848, pour but et pour principe que l'or, pour vous, pour votre famille, pour avoir tout, comme précédemment, vous seriez bientôt déchue de toute grandeur ; que si vous persistiez encore quelque temps dans votre marche et votre immoralité, vous plongeriez le pays dans l'anarchie, et, une fois encore, forceriez le peuple, la Nation, de faire entendre sa formidable voix.

De tout ce qui précède, nous le voyons clairement, la liberté proclamée seule, et sans l'ordre social que 1848 nous fait espérer, n'aboutirait encore qu'à l'isolement ; l'homme du peuple, le travailleur, il est vrai, n'appartient plus à son semblable, financier ou bourgeois ; mais ses besoins matériels quotidiens n'étant pas immuablement garantis, il retomberait sous la dépendance de ce dernier ; il est libre, dites-vous ; sa dignité d'homme est sauve ; il est son maître et son unique arbitre ! mais la faim le tient engourdi et fasciné sous l'exploitation du maître, qui l'oppresse par un travail presque toujours au-dessus de ses forces, et dont le salaire est insuffisant, par suite du manque continu de ce même travail, souvent encore mal rétribué. Où donc, disons-nous, est la liberté pour cet homme ? où donc est sa volonté, son *moi*, son libre arbitre ? — Dans la mort !.... C'est ainsi que nous verrions encore se continuer cet ordre social, si le Gouvernement républicain ne prenait en pitié notre misérable société ; c'est ainsi que nous verrions en petit, mais à l'infini, par suite d'insuffisantes théories sociales dites d'organisation du travail, se multiplier, se centupler une foule de tyrannies, de vampires, suçant la substance des autres, et réaliser encore dans un des états les plus libres du monde, politiquement parlant, les despotismes féodaux des temps anciens.

De plus, on nous a laissé, pour nous abrutir plus facilement sans doute, sans protection, sans direction, sans éducation morale, dans un isolement qui tue le corps et l'âme. Nous sommes encore parqués ou classés comme des frères déshérités de la grande famille humaine, et l'on a trouvé mauvais, extraordinaire que ces travailleurs se plaignissent, murmurassent quelquefois contre la société ! Ce qui me surpasse, moi, c'est que, malgré l'abjection morale et physique dans laquelle on tenait ce pauvre populaire, il se soit produit si peu de faits attentatoires à la propriété ; car les quelques pillages et actes de vandalisme accomplis ne l'ont été, au dire de tout le monde, que par l'écume de la société, race d'hommes pervers, toujours en guerre ouverte avec n'importe quel pouvoir ; sortant du milieu des pavés et des bouges des villes populeuses ; se vautrant, lors des perturbations politiques, sociales ou religieuses, dans l'envahissement, la destruction, le pillage et même l'incendie.

Je conclus de tout ceci qu'une révolution s'est faite aussi dans l'instinct des travailleurs matériels ; qu'une révélation instinctive leur a miraculeusement dévoilé les mystères et l'harmonie renfermés dans notre symbole trinitaire : « Propriété, Association, Travail. » L'enfant du peuple les a compris ces mots heureux ; tout son être en est imprégné ; son espérance s'est agrandie ; l'avenir est sa conquête ; arrière le présent !... Les travailleurs matériels comprennent, mais d'hier seulement, et ils ne rougissent pas de l'avouer, que les révolutions toutes politiques ne servent qu'à river plus étroitement la chaîne de leur esclavage. Leur position sur l'échiquier social ayant toujours été contestée, il en est constamment résulté pour eux l'oppression après la victoire. En effet, n'ont-ils pas eu à regretter leur coopération au renversement des pouvoirs qui se sont succédé depuis 89 ? n'ont-ils pas vu dans toutes nos révolutions le pouvoir naissant attirer à lui l'homme possesseur, l'exploiteur, le privilégié de la fortune, qui, tout froissé de sa chute d'hier, avait encore assez d'impudence pour réédifier le pouvoir nouveau, et partager avec ceux de sa classe le gâteau gouvernemental ?

Soyons donc avares, ô mes frères, de ces renversemens. Soyons soucieux désormais de notre bonheur, serrons nos rangs, soyons hommes et veillons à nos droits, c'est notre devoir.

Que le pouvoir républicain nouveau se pénètre bien qu'il doit veiller également au bonheur de tous les citoyens, protéger et aider efficacement tout projet socialiste organique du travail, problème jusqu'ici insoluble ; que le pouvoir gouvernemental, en sa sagesse et sa justice, pèse dans ses mains, mais sans partialité, les faits et gestes de la vieille société, et j'affirme que les travailleurs de toutes les classes qui sont à l'ombre aujourd'hui seraient bientôt au soleil ; tout fermenterait, hommes et choses ; tout grandirait, tout fructifierait. On verrait en peu de temps tous ces travailleurs si turbulens, si menaçans, dit-on, changer tout aussitôt d'allure. Devenus possesseurs, ce qui constitue un droit, mais aussi des devoirs, ils désireraient également l'ordre qui complète la liberté.

Que demandent aujourd'hui les travailleurs matériels ? la fortune, la propriété d'un certain monde ? Loin de nous cette pensée impie, car nous serions aussi coupables que ceux qui l'ont mal acquise. Nous demandons le travail, il est notre propriété ; que nos bras soient occupés, que notre salaire suffise aux besoins du ménage; comme tous, nous avons nos émotions paternelles et filiales ; comme tous, nous avons un cœur ; mais ce cœur veut ses joies et ses jouissances.

Ne craignez plus désormais pour vos terres et vos châteaux, vos villas enchantées et vos hôtels féériques. A vous les jouissances du luxe et la mollesse de la civilisation moderne ; à vous, enfin, tout le cortége de la fortune ! N'êtes-vous pas les hommes de loisir ?....

Mais aussi à nous la propriété du travail, ses contrariétés morales et physiques, ses récompenses, ses satisfactions, ses sueurs, ses maladies ; nous sommes fatalement nés pour toutes ces choses!!! Ne sommes-nous pas les travailleurs ?...

Dès que l'homme de loisir ne pourra pas exploiter ses semblables, soit par les instrumens producteurs, soit par le capital, et s'engraisser de leurs sueurs, les fortunes colossales crouleront, et les vices qu'elles ont enfantés disparaîtront.

A l'homme qui produit, qui crée, qui invente, qui perfectionne, qui travaille, enfin, soit intellectuellement, soit matériellement, à lui son labeur. Les valeurs de l'échange qui en découleront serviront à élever sa famille et à lui assurer un état de repos pour sa vieillesse ; de là renaîtront les vertus.

L'argent, par sa valeur intrinsèque ou positive, ne devra marcher, selon mon organisation, qu'après l'intelligence et le travail, et non pas comme moteur unique. Son possesseur actuel, ne pouvant plus l'utiliser en exploitant les travailleurs intellectuels et matériels, sera obligé, malgré lui, par l'échange ou par l'association autorisée par les lois, de se créer une industrie légale, et deviendra forcément marchand d'argent pour les uns et échangiste pour les autres.

Puisque enfin, jusqu'ici, rien que je sache n'a protégé les travailleurs contre le monopole de l'argent, formulons nos idées ; donnons-leur un corps et une âme; matérialisons-les, si nous pouvons nous exprimer ainsi, et puis disons encore au pouvoir, mais dignement, comme il convient à des hommes de cœur et d'honneur qui veulent enfin que l'on s'occupe un peu de l'amélioration et du bien-être matériel de leur classe : il y a plus de travailleurs que de possesseurs ; tous les citoyens de la République française doivent être également protégés ; une minorité est toujours près d'être factieuse, politiquement ou socialement parlant, lorsque, par ses faits et gestes, et n'importe les motifs qui la dirigent, elle est la cause immédiate des souffrances de la grande majorité de la nation, soit moralement, soit physiquement.

Tout ce qui se dit, tout ce qui s'est écrit, tout ce qui se répète par le monde au sujet de la position anormale dans laquelle se trouvent plongés les travailleurs, nous prouve, hélas! que nous sommes dans le vrai en persistant dans notre croyance au besoin de réforme sociale.

Voyez la ci-devant chambre des pairs? on y parlait sans cesse de la mauvaise répartition ou distribution du travail, de la situation précaire des prolétaires ; mais de mesures propres à amoindrir leurs infortunes, rien !

A l'ex-chambre des *députés de la France*, mêmes condoléances et regrets non moins amers de ne pouvoir alléger de si poignantes misères ; mais de moyens propres à remédier à tant de souffrances, absolument rien ! toujours rien !

Les ministres d'un gouvernement qui, en

tombant, a laissé les finances du pays dans un état si déplorable ; ces ministres, continuellement absorbés par leur grande politique, comme ils l'appelaient, que faisaient-ils pour nous ? Rien...

Au sein des corps savans, des comités agricoles, industriels, manufacturiers et commerciaux, que faisait-on ? Eh ! mon Dieu, rien !... Mais pardon, je me trompe, on y disait beaucoup de choses, mais qui ne signifiaient absolument rien. Comme les députés de la France, comme les pairs de France, comme les ministres du roi... des Français qui dissertaient sur les finances, à savoir si à la fin de l'année budgetaire il y aurait encore de quoi suborner quelque nouvelle recrue afin de grossir la phalange des satisfaits, ces corps savans, disons-nous, ces différens comités, se chicanaient entre eux sur la hausse et la baisse des fonds, chemins de fer et actions industrielles.

Ils allaient encore plus avant que cela dans la plaie qui ronge le corps social, ils plongeaient même leurs yeux jusque dans les plus grandes profondeurs du mal ; mais bientôt, épouvantés de ce qu'ils venaient de découvrir et d'analyser, ils se renfermaient dans un mutisme silencieux, et disaient seulement bien bas au pauvre peuple :—Que l'état actuel de la société n'était nullement en harmonie avec le progrès ; que pour sortir de l'impasse dans laquelle nous étions entrés si inconsidérément, il faudrait se jeter dans des tentatives de rénovations antisociales, lesquelles pourraient peut-être bien ébranler l'ancien édifice et déplacer quelques intérêts et quelques droits acquis d'un certain monde..... Oh ! les aristocrates ! c'étaient d'eux qu'ils parlaient dans le déplacement de ces quelques intérêts, et voilà pourquoi ils se taisaient et rentraient dans leur mutisme.

Allons plus loin encore, car tous les moyens sont bons pour se faire entendre de ceux qui sont intéressés à vouloir paraître sourds. Consultons les écrits et les diverses théories sociales qui sont éclos depuis 1830 ; lisons les journaux grands et petits, sans nous inquiéter de leur couleur politique ; et ensuite, s'il en était qui ne fussent pas convaincus qu'il y a quelque chose à faire, je les traiterais, quels qu'ils fussent, d'ignorans, d'égoïstes, d'imposteurs. Ou bien s'ils alléguaient pour excuse leur peu de sympathie pour la chose publique et même la répulsion qu'ils éprouvent à l'égard de pareilles investigations, oh ! alors il serait de toute justice de les absoudre de leur poltronerie, le courage ne se commandant pas.

Heureusement qu'en France, à l'heure qu'il est surtout, aucun dévoûment au pays ne fera défaut ; et la preuve, c'est qu'au palais du Luxembourg, déjà, une commission, dont deux membres du gouvernement provisoire font partie, et qui est environnée des délégués des maîtres et des ouvriers, a pris l'initiative d'une pareille résolution. Grande est leur mission ! Plus grand encore est leur courage ! La récompense qu'ils ambitionnent, n'en doutons pas, sera dans les bénédictions des travailleurs et l'amour de la nation.

Je crois, avant de terminer ce deuxième chapitre, devoir faire remarquer combien 89 et 1848 ont d'analogie entre eux, et par quelle fatalité déplorable sont tombés deux rois constitutionnels. L'un est mort sur un échafaud ; l'autre fuit le sol de la patrie et va prochainement mourir sur la terre étrangère, le cœur bourrelé, déchiré par ses remords ; car, par sa faute, il a perdu le plus beau trône du monde, et par entêtement à refuser des réformes qu'il pouvait si bien accorder, a failli plonger le pays dans l'anarchie.

Cette dernière monarchie disparue pour toujours, c'est là notre conviction, a légué au pouvoir nouveau plus que des embarras financiers ; elle lui a légué, outre l'ordre politique, l'ordre social tout entier à régler. Tâche difficile, immense ! Espérons, toutefois, en la sagesse de la France et en la persévérance des travailleurs, qui ne doivent pas s'endormir à ces époques de remaniemens.

En 89, on commentait, on analysait, on raisonnait. Un certain monde crut alors devoir s'endormir au bruit des criailleries, des déclamations, des transports vertigineux d'une secte fameuse. La philosophie brandit son drapeau ; elle appela à l'entour ses adeptes, ses croyans ; elle traduisit ses idées, enfin !.... le réveil fut terrible !... la féodalité ne s'éveilla que dans un tombeau, à la lueur de l'incendie qui dévorait ses châteaux déjà dévastés. Nos modernes possesseurs de 1830, exploiteurs et hommes de loisir, insoucieux des besoins matériels quotidiens des travailleurs, crurent devoir aussi s'endormir aux murmures et devant les misères du peuple. Les avertissemens, comme naguère, n'ont cependant été ni moins pressans ni moins nombreux : il fallait donc que ces deux gouvernemens fussent bien apathiques aux réformes politiques et sociales que la nation demandait avec tant de persistance et depuis si longtemps, pour, dans leur orgueil, ne pas vouloir croire qu'on osât jamais !... Le peuple, le pays, la nation, enfin, a osé pour la troisième fois ! Quelle leçon !...

Evitons désormais, peuple, et vous tous, travailleurs, de commettre une pareille faute; nous serions bien coupables aux yeux de la postérité, si nous nous endormions ! on peut s'être trompé trois fois, mais la quatrième ne serait plus excusable ; ce ne serait plus une faute, mais bien un crime.

N'allons pas suivre non plus le chemin oblique sur lequel nos pères, en 89, entraînèrent les destinées de la France ; héros, ils conquirent ! telle fut leur mission ; mais comme rénovateurs socialistes, ils firent défaut. Ils ne surent point organiser ni réglementer fortement la liberté dans l'ordre ; l'égalité des droits et des devoirs des citoyens et la fraternité dans la possession. Le symbole trinitaire socialiste de notre drapeau de 1848 leur échappa ! ils ne surent, socialement parlant, que démolir violemment ou niveler despotiquement. Malheureux aveuglement ! causes premières des infortunes subies depuis si longtemps par tout un peuple de travailleurs !

Depuis une autre époque non moins glorieuse ni moins étonnante, — 1830, — où l'on devait, où l'on pouvait même, car c'était un devoir, si bien organiser ces pauvres travailleurs, vierges de reproches comme aujourd'hui pendant la lutte sanglante, aidé qu'on aurait été de l'expérience acquise !... on aurait pu, disons-nous, organiser le travail et édifier ce que nos pères avaient fatalement oublié. Mais, au contraire, une tendance rétrograde semblait conspirer contre nous et nous ramener vers une autre féodalité.

L'être infini, le créateur, le souverain dispensateur de toutes choses n'aurait pas permis, pour arriver à de pareils résultats, que les hommes sortissent du droit naturel de la création et vécussent en commun, s'il eût pensé à la perversité de leurs cœurs ; et, domination pour domination, celle naturelle qu'il avait départie à la créature valait bien l'autre.

Rompant aujourd'hui avec un présent désormais impossible, nous allons parler de l'avenir !!!....

DEUXIÈME PARTIE.

CHAPITRE III.

DE L'ORGANISATION DE LA PROPRIÉTÉ, AFIN D'ARRIVER A L'ASSOCIATION.

Le principe de mon organisation repose sur les besoins matériels quotidiens immuablement garantis par la propriété, unique élément d'association humaine, en assurant enfin aux hommes paix, concorde, bonheur.

Notre échiquier social est le lien d'union, le moyen transitoire qui doit relier tous les intérêts de la vieille société avec ceux de la nouvelle que 1848 vient de fonder; de manière, qu'en un temps donné, tous hommes puissent légalement réaliser les principes vrais, mais radicaux, d'un possible matériel et intellectuel, l'idéal de la perfectibilité humaine.

Notre organisation, en outre, a ceci d'avantageux, qu'elle peut être immédiatement établie, attendu que pour ces sortes de transitions il leur faut ce que nous avons aujourd'hui, — un temps d'arrêt ou époque révolutionnaire, et produire enfin, mais instantanément, l'accord ou l'harmonie au sein de la société.

Si donc jusqu'ici l'esprit humain, dans sa marche régulière ou saccadée, a fait défaut à la société, si son intelligence encore voilée n'a pu lui donner ou lui révéler cet enfantement vers lequel les travailleurs aspirent, et qu'ils appellent de toute la puissance de leurs voix, ayons donc recours aujourd'hui à l'instinct de l'homme, ce guide matériel qui connaît si bien sa route. Ah! soyons-en bien sûrs, il ne nous égarera pas, lui!.. Voyons encore, prêtons l'oreille, soyons paisibles.

Puisque dans toute organisation théorique parue jusqu'à ce jour, rien, que je sache, n'a pu encore assurer d'une manière bien claire la satisfaction aux masses non pourvues de leur pâture quotidienne, sans prévoir aussitôt un ébranlement terrible au sein de la vieille société, pourquoi ne pas chercher derechef le moyen à l'aide duquel, sans rien violenter arbitrairement, nous pourrions y arriver!

Tout nous porte à croire que nous sommes dans le vrai en ne nous écartant pas du principe matériel, — l'organisation de la propriété; — principe rationnel, mais légal, lequel seul peut facilement résoudre le grand problème, — l'organisation du travail, —problème jusqu'ici insoluble, et classer définitivement les différentes catégories d'individualités dont se compose la société humaine.

Sans remonter bien haut dans la vie des peuples, nous voyons que la propriété, ce qui du moins la constituait alors —hommes et choses— a toujours été, en tous temps, en tous lieux, le point culminant ou attractif vers lequel rois, princes, barons ou castes ont convergé.

De quel bien-être matériel et sensuel, ó mon Dieu ! ne durent-ils pas jouir, ceux-là qui en furent largement dotés ou rémunérés ! quelle anticipation ineffable sur les ravissemens éternels d'un paradis promis ! mais aussi quelles misères profondes, quelles douleurs intolérables résultaient de cet état de choses pour le grand nombre, individualités fatalement nées pour servir aux caprices ou aux volontés de maîtres superbes, ravalant la créature à l'animal, par des servitudes épouvantables. Voilà pourtant l'histoire, et nous n'en sommes devenus ni plus méchans ni plus rancuneux envers les aristocrates modernes. Où donc trouverait-on la vertu, si ce n'est dans les rangs de ce peuple malheureux comme toujours, et pourtant si calme et si généreux après la victoire ?

Quand la bourgeoisie, elle aussi, en 1789, bien plus nombreuse que la noblesse féodale, sentit en elle l'aiguillon des désirs sensuels lui révéler instinctivement toute cette vie féodale que la noblesse savourait avec délices, alors la dernière heure des castes venait de sonner au glas funèbre des vengeances populaires !... Royauté, famille, propriété, priviléges, tout fut renversé, broyé !... elle s'empara violemment, brutalement de la suprématie gouvernementale, et ne sut rien créer, rien produire, rien édifier pour le pauvre peuple son auxiliaire ; elle ne fit absolument rien pour lui ; elle ne lui témoigna pas la moindre preuve de reconnaissance.

Mais que sont les institutions faussées des classes ou des partis devant la vérité ? Mensonges ! En effet, depuis 1830, qu'avons-nous vu surgir du sein de cette oublieuse bourgeoisie, laquelle a été une rude maîtresse pour les pauvres producteurs matériels ! Une nouvelle féodalité ! féodalité financière savourant déjà, comme ses sœurs des temps anciens, ce ravissant *far-niente* sensuel tant rêvé par nos bons et sensibles bourgeois-boutiquiers ; hélas ! ils rêvèrent, et tout fut dit.

Jouissez, savourez par anticipation, aristocrates modernes, le paradis promis au chrétien blasé, à l'homme riche mourant à chaque instant faute de ne plus rien sentir ! que l'heure du réveil qui sonna si fatalement pour la noblesse vous soit légère ; qu'elle vibre doucement et lentement à votre oreille, afin de vous tirer paisiblement de l'engourdissement somnolent dans lequel vous semblez être ensevelis. Revenez ! ô revenez du moins, mais sans soubresaut, au monde réel, aux faits positifs, aux intérêts materiels !

Un flot nouveau s'avance ! le peuple, les travailleurs, enfin, ceux qui produisent afin de manger, vont bientôt frapper aux seuils de vos riches demeures, de vos somptueux hôtels, de vos villas féeriques. Ils vont vous crier incessamment, mais haut et ferme : Le travail, qui est notre seul espoir et notre seule ressource, nous échappe, et déjà nous avons faim !... Nous voulons qu'on nous le garantisse, et pour le présent et pour l'avenir ! Ils vous crieront cela, comme ceux dont vous descendez crièrent haut et ferme aux castes : nous avons soif de vos honneurs et de vos jouissances sensuelles !...

Trèves de reproches pour un présent qui croule et qui va prochainement finir. Soyons silencieux ! car le cratère récemment fermé sur lequel nous marchons fume encore, et pourrait bien s'ouvrir de nouveau aux éclats de la voix tonnante de ces mêmes travailleurs. Entendons-nous, il en est temps encore; mais, au nom de l'humanité, soyons calmes ! car le feu est sous nos pieds. Expliquons-nous sans emportement ni colère ; faisons un pacte, et au nom de nos familles, que tous nous aimons et dont nous voulons le bonheur, soyons frères une fois; enfin, mais soyons justes; scellons promptement la pierre qui doit éternellement fermer le gouffre toujours béant de nos révolutions.

Si notre système social, dans l'embarras révolutionnaire où le pays se trouve placé, donne à l'homme non doté des droits imprescriptibles à la propriété, sans dépouiller arbitrairement ceux qui possèdent; si, par cette organisation, nous plaçons définitivement sur l'échiquier social les différentes classes ou catégories d'individualités qui en étaient exclues ; si, respectant religieusement tout ce qui doit être conservé, et posant des bornes infranchissables le plus loin qu'il nous été possible de le faire, afin que le règne de la liberté, de l'égalité et de la fraternité ne soient plus des mots sonores et ronflans, à l'aide desquels nos bavards politiques illusionnent les masses et leur font faire fausse route, établissons donc notre ordre social, car en lui est la vraie, la grande, la sublime association humaine. De plus, si le libre arbitre de l'homme se trouve forcé, malgré lui, mais tout naturellement, à respecter fraternellement dans autrui ce qu'il veut qu'autrui respecte en lui, que pouvons-nous demander, exiger de mieux par le temps qui court qu'un semblable système ? Ce que nous voulons de plus, nous, c'est un serment écrit sur les tables de la loi : serment sincère, serment sacré, qui sauvegardera notre nouvelle société de toute souillure. Mais qu'il soit bien entendu aussi qu'une fois notre parole donnée, chacun de nous devra marcher et persévérer dans sa foi jurée, car Dieu et les lois maudissent et punissent les lâches et les traîtres. Que chacun de nous apporte donc sa pierre, afin de hâter la construction de notre nouvel édifice social : l'humanité entière a les yeux fixés sur la France; qu'elle se montre digne de sa mission, mission si noble et si pure !

Inébranlable dans ma foi jurée, fort de mon cœur qui brûle d'enthousiasme, mais qui s'éteint sensiblement par suite des efforts continuels de mon imagination haletante, succomberai-je au moment d'atteindre le port? O Providence ! Dieu des travailleurs, viens à mon aide, ne m'abandonne pas, élève ma faible intelligence à la hauteur du sujet que je traite, et puis laisse-moi m'éteindre pour trouver le repos.

O 1848, ère solennelle d'émancipation pour les travailleurs matériels, je te salue ! Ils sauront également comprendre, eux aussi, qu'ils ne doivent point faire défaut à ton enfantement. Tous vont réclamer, comme leurs frères les travailleurs intellectuels l'ont déjà fait, leur part du soleil. Ils désirent aujourd'hui, ils prétendent avoir en leur possession les instrumens de travail, lesquels doivent former une troisième propriété. Ils prétendent avec raison que si les besoins matériels quotidiens sont garantis aux deux classes supérieures—la fortune et l'intelligence, ils ont, eux aussi, le droit de sortir du servage dans lequel les tiennent depuis si longtemps leurs exploiteurs, en devenant également à leur tour propriétaires, et, comme tels, traiter d'égal à égal, d'associés à associés, de frères à frères, avec les deux autres propriétés— le capital et l'intelligence.

Voilà le nœud gordien moderne soumis aux investigations et aux méditations des hommes; voilà ce qui doit amener parmi nous la liberté, l'égalité, la fraternité. Quel sera le nouvel Alexandre qui viendra le trancher ? La nécessité !

Si l'homme vivant en civilisation conserve, comme celui vivant à l'état naturel, son moi égoïste, qui le fait s'élancer audacieusement sur les résistances qu'il peut rencontrer au sein de la société, eh bien ! comme l'homme de la nature, qui s'élance sur sa proie pour assouvir sa faim, se brise devant la force brutale de son semblable auquel il allait causer un tort ou un dommage ; de même, dans un état civilisé, l'homme, la caste féodale, intelligente ou financière, doivent être également brisés par les lois du pays, lorsque cet homme ou ces castes veulent causer par l'exploitation un tort ou un dommage à toute une nation.

Trève de réticences et de menaces !..... Appelons plutôt à nous nos trois catégories de possesseurs que nous voulons établir sur notre échiquier. Accourez donc, vous tous, résolument ; venez vous y installer ; ni l'espace, ni l'air, ni le soleil n'y font défaut. La fraternité vous y convie ; alerte ! à vos rangs ! point de confusion.

Bien des hommes encore resteront à placer, nous le savons. Mais qu'y faire ? Ne savons-nous pas qu'il est dans la nature des nécessités insurmontables à toute organisation ? que les aptitudes, le bon vouloir et la résignation, quelque bonnes qu'elles soient en civilisation, sont pour de certains hommes des monstruosités ! Il faut travailler ; mais ils ne veulent rien faire ? Il faut s'assujettir à vivre de la vie de l'ouvrier dans les manufactures, les fabriques, les usines, les chantiers, les ateliers ; mais ils ne le peuvent. Leurs forces, leur courage, la persistance nécessaire leur ferait défaut. Apprendre un état, exercer un métier, une profession quelconque et vivre honorablement, mais en travaillant, est pour eux impossible. Il faut, disent-ils, encore une certaine rectitude intellectuelle pour apprendre à manier le rabot, la scie, la truelle, la hache ou le marteau, et nous ne la possédons pas. Nous sommes trop peu doués d'instinct, d'intelligence ou de compréhension pour oser entreprendre quoi que ce soit. Qu'allons-nous devenir, disent-ils encore, par suite de votre organisation ? — Vous allez donc violenter notre volonté, notre libre arbitre, notre moi?...— Qu'allez-vous devenir ?... Mais ce que vous étiez précédemment. Il faudra aux hommes de loisir, aux possesseurs de la fortune, des serviteurs ou des valets; eh bien! vous les servirez. Il faudra aux travailleurs intellectuels, aux commerçans et aux négocians de haut et bas étage, des domestiques; eh bien! vous les servirez encore.

Il faudra aux producteurs matériels des hommes de peine, des manœuvres faisant toutes choses, mais ne sachant rien produire. Eh bien! vous porterez des fardeaux, vous balayerez les ateliers, les fabriques, vous roulerez la brouette, vous battrez le plâtre et ferez le mortier ; vous ferez enfin toutes choses comme précédemment, puisque vous ne savez rien produire.

Mais lorsque, saisis de terreur dans votre abjection et dans la classe infime où vous vous serez plongés, une flamme divine viendra vous illuminer intellectuellement et vous grandir à vos yeux de toute la hauteur d'un travailleur; de ce jour-là, manœuvres inintelligens et valets seront admis au grand banquet humain, à la propriété.

Si nous avons hâte de classer sur notre échiquier les deux premières catégories d'individualités possédant déjà la propriété matérielle et intellectuelle, que notre impatience est grande de ne pouvoir aussi facilement procéder pour la troisième, celle pour qui il nous reste encore tant à dire et à faire ! Mais patience, nous avons un but, et ce but nous l'atteindrons, dussions-nous mourir à la peine. N'avons-nous pas promis à nos frères toute notre existence ! et Dieu ne nous soutient-il pas ?

Malheureuses individualités, créatures déchues, je cherche à vous établir solidement, et le terrain sur lequel je veux vous asseoir est encore vierge de vos présences. L'édifice sacré qui doit donner naissance à vos grandes destinées est encore à construire, les lois qui doivent vous sauvegarder ne sont pas encore écrites. Tout est à faire pour ces travailleurs ; ils ont toujours été parqués si bas, qu'aujourd'hui encore ils sont presque des esclaves, des serfs, des vilains, sujets à l'exploitation ou au caprice des maîtres.

Ne les voyons-nous pas déjà, ces maîtres, ces exploiteurs, gesticuler et se débattre contre nos prétentions d'émancipation ? N'entendons-nous pas également les murmures, les plaintes, les reproches de quelques hommes appartenant à un certain monde, nous apostropher, nous jeter ces mots à la face : Chétives créatures échappées d'hier à peine aux langes du servage, encore aujourd'hui sous le coup de l'exploitation du maître et incapables de comprendre votre dignité d'homme et de citoyen; vous toutes qui seriez moins que rien si nous-mêmes ou les nôtres, en 89, n'avions pas brisé le joug féodal qui nous courbait tous si violemment, si despotiquement, déjà vous demandez votre place au soleil! vous couvez du regard la propriété, vous revendiquez des droits naturels, à cette même propriété dont ou vous a dépouillés, dites-vous, et que nous ne voyons écrite nulle part? Dites plutôt qu'avides de rapine et de pillage, vous êtes impatiens de saisir votre proie...

Pour Dieu! messieurs, trêve de reproches, car nous vous les renvoyons. A une certaine époque, et qui n'est pas bien éloignée de nos souvenirs — remarquez en passant que les travailleurs ont bonne mémoire, — un certain monde aussi vous en adressait d'aussi sanglans lors du milliard qu'on lui vota afin de l'apaiser. Faites-nous donc grâce, je vous supplie, de toutes vos récriminations pour un fait non accompli, et qui, je vous l'affirme au nom des travailleurs probes et honnêtes, et leur nombre est imposant, je vous assure, ne s'accomplira jamais, non, jamais! Car si un nouveau Spartacus se révélait à nos yeux, tous nous résisterions à son commandement.

Qu'un messie, plutôt, qu'un rénovateur apparaisse; qu'il vienne nous prêcher paix et concorde, bien-être matériel futur, qu'il se pose entre un présent qui finit et un progrès immense qui va s'accomplir; que sa parole soit pure comme sa mission, et les travailleurs, avides d'instruction, couvant du regard les beaux exemples afin de les graver dans leur cœur, écouteront beaucoup mieux ces vertueux préceptes que les excitans discours du moderne Spartacus. O futur rédempteur! philosophe, ami des travailleurs, homme ou Dieu, viens à nous, viens nous moraliser!

Pour réaliser immédiatement cette troisième propriété et la faire passer instantanément dans les mains des producteurs matériels, nous confessons hautement que les individualités ouvrières sont impuissantes à réaliser quoi que ce soit financièrement parlant, la position précaire, infime même dans laquelle chaque travailleur se trouve refoulé ou cloué ne lui laissant en expectative que privations, misère et désespoir. Mais aussi, hâtons-nous de le dire afin de reconforter la croyance de nos frères dans un meilleur avenir, ce que ne peut l'individualité, l'ouvrier libre, l'association collective, la corporation le peut!.. Ayons donc foi dans l'avenir, dans nos instincts; ces derniers ne sont-ils pas désormais nos guides?

Le mode de rachat de la propriété des instrumens de travail pourrait, ce nous semble, être ainsi établi :

POLICE.

Il sera formé dans chaque chef-lieu de préfecture et sous-préfecture, et sous la direction unique de chaque maire et de chaque conseil municipal y résidant, une commission générale d'expertise de toutes les usines, fabriques, manufactures, chantiers, ateliers, etc., etc., etc., situés dans le département.

Chaque centre industriel distinct enverra :

1° Soit au chef-lieu de préfecture ou de sous-préfecture, selon le ressort dont il dépend, le maître ou le possesseur de l'exploitation industrielle s'il est le titulaire ou propriétaire unique, et si, au contraire, ladite exploitation était la propriété d'une association, n'importe son titre, le représentant légal ayant pouvoirs nécessaires et suffisans, etc., etc., etc.; et 2° l'un des ouvriers élu à la majorité, et travaillant au moins depuis une année dans la susdite exploitation du propriétaire ci-dessus désigné, et délégué par ses camarades y travaillant également.

Ces maîtres et ces ouvriers, rendus au jour indiqué par avis officiel du maire, soit au chef-lieu de préfecture, soit à celui de sous-préfecture dont ils dépendent, seront groupés par catégories de professions, et éliront, à la majorité des voix, une commission unique pour toutes les professions.

Cette commission unique sera ainsi composée : deux présidens, un maître et un ouvrier; deux vices-présidens, un maître et un ouvrier; deux secrétaires, un maître et un ouvrier; deux rapporteurs, un maître et un ouvrier.

Chaque profession ne pourra avoir à la commission ainsi élue que deux membres au plus pris dans son sein, un maître et un ouvrier. Les professions qui n'auraient pas fourni de commissaires titulaires auraient seules le droit de nommer, comme ci-dessus, aux fonctions vacantes par suite de décès des titulaires, démissions ou maladie grave pouvant entraver la marche des affaires de la commission.

Cette commission ainsi composée, et afin d'activer les affaires, pourrait, vu l'urgence, se dédoubler et se partager également les affaires soumises à sa délibération.

Cette commission jugera, mais provisoirement, tous les débats contradictoires d'expertise qui pourraient s'élever entre le maître possesseur d'une exploitation et l'ouvrier acquéreur; et, en cas de contestation grave dans l'évaluation de la valeur expertisée, il en serait référé au conseil municipal par un rapport motivé, signé par les commissaires-juges et les deux parties contractantes en désaccord. Ce conseil municipal de préfecture ou sous-préfecture prononcera souverainement et sans appel.

Le conseil municipal du chef-lieu de département, aussitôt son travail particulier terminé, comme dans les sous-préfectures de son ressort, réunira de suite tous les actes d'expertise du département, mais par catégories de professions, les remettra immédiatement à M. le préfet, lequel fera tenir le tout à M. le ministre de l'intérieur, qui statuera irrévocablement en conseil d'Etat.

Le ministre de l'intérieur, après une mûre délibération en conseil d'Etat, et balance faite préalablement de l'évaluation des instrumens de travail de chaque département, mais par catégories de professions, et le chiffre annuel des ressources, mais sûres et certaines, des producteurs matériels, et par catégories de professions également ; le ministre, disons-nous, fera un rapport général sur cette matière, et par département, qu'il soumettra à la chambre des représentans du peuple, laquelle, par une loi grandement motivée et soumise à la sanction du pouvoir exécutif, provoquera immédiatement l'échange de ladite propriété des instrumens de travail.

En conséquence, MM. les préfets des départemens recevront des instructions à l'effet d'établir un grand-livre dit : *Titres de la propriété des instrumens de travail.*

Chaque page de ce *grand-livre* sera une obligation à souche de la valeur de 500 fr. Ces obligations seront échangées contre les titres du possesseur de la susdite propriété, lequel en donnera quittance.

Chaque obligation pourra être transmise, en tout ou partie, par voie d'endos, par le titulaire à des tiers.

Chaque obligation unique rapportera à son dernier titulaire un intérêt de 5 p. 100 l'an, jusqu'à parfait remboursement.

Tous les ans, au chef-lieu de département, et par les soins du conseil municipal, auquel s'adjoindront pour cet effet les délégués municipaux des sous-préfectures, il sera tiré au sort, selon que les versemens des diverses associations collectives ou corporations auront été plus ou moins abondantes, le nombre d'obligations devant être remboursées.

Ces obligations remboursées seront immédiatement radiées et déposées aux archives de la caisse départementale.

Cet échange, comme on le voit, de la propriété dite des instrumens de travail, n'a rien d'épouvantable par lui-même que son chiffre colossal. Cette transfiguration de la propriété n'a également rien par elle-même qui puisse nous effrayer. Cette mesure, grandiose et sublime, ne serait pas une chose extorquée par la force? un fait imposé par la conquête? un monceau d'or gros comme une montagne perdu à jamais, mais bien la mesure la plus efficace pour assurer le bonheur et la tranquillité d'un grand peuple.

Cette avance ou crédit fait aux travailleurs matériels, en quoi donc serait-il onéreux? Cinq pour cent et le prêt temporaire, quoi donc d'antisocial? qu'est-ce que tout ceci, je le demande, comparativement au bien-être matériel quotidien immuablement garanti à tout un peuple de producteurs matériels? un vingtième de moins peut-être, et provisoirement, dans les jouissances sensuelles en dehors des vrais besoins matériels des riches, voilà tout!... Mais le bonheur et l'harmonie descendant du ciel sur toute une nation! mais cette trinité rayonnante apportée au monde sur les ailes du progrès moderne!

liberté! égalité! fraternité! est-ce à dédaigner?
Voilà! voilà les résultats de mon socialisme tant
rêvé!

En effet, ce système de rachat des instrumens de travail ainsi établi dans tous les départemens serait d'un grand secours pour la réalisation de notre socialisme, qu'il soit instantané ou progressif. Quoi de plus logique, de plus rationnel, de plus absolu, légalement parlant, que ces associations collectives, par corporation, et toutes reliées entre elles par la solidarité fraternelle des nouveaux possesseurs, lesquels désormais, par leurs enfans, seront bientôt remplacés dans leurs rudes travaux. Car, enfin, il doit y avoir des bornes à toute chose! et le vieillard producteur doit avoir, lui aussi, son temps de repos, afin de descendre paisiblement dans la tombe.

Ainsi, cette solidarité unique dans la propriété des instrumens de travail — cette seule propriété étant collective, — solidarité, disons-nous, reversible sur tous les producteurs matériels, puisque ces mêmes travailleurs par leurs enfans, lesquels peuvent devenir volontairement ou maçons, ou menuisiers, ou typographes, ou forgerons, etc., etc., sera, n'en doutons pas, non-seulement la plus grande garantie morale, mais encore la solvabilité ou responsabilité matérielle la plus réelle qui se puisse imaginer.

Ainsi, nous le voyons, ce mode de rachat ordonné par le pouvoir exécutif s'accomplirait légalement et progressivement par les à-comptes mensuels ou annuels des versemens effectués par les corporations solidaires, et arriverait sans encombre à un parfait remboursement sans violence, sans secousse, sans perturbation.

Notre mode constitutif de rachat établi et passé à l'état de fait accompli, nous allons procéder à l'établissement de nos trois catégories de possesseurs, et les asseoir immuablement sur notre échiquier social.

Nous allons aussi, tout en leur traçant leurs droits et leurs devoirs, leur poser des bornes égales, mais infranchissables, de manière enfin qu'aucune d'elles, dans son désir d'accaparement, ne puisse causer un tort ou un dommage à ses sœurs.

Remarquons d'abord la grande réforme qui vient de s'opérer instantanément par le fait de la division de la propriété en trois ordres ou catégories, et qui va désormais présider providentiellement aux destinés de la nouvelle société républicaine !

> Plus de monopole !
> Plus de concurrence ! !
> Plus d'exploiteurs ! ! !

Oui ! dans mon système organique, plus de monopole ! puisque l'argent disparaît comme par enchantement devant l'intelligence et le travail, lesquels ont acquis le droit de propriété et sont devenus tout naturellement des élémens de résistance au monopole ancien. Il y a mieux que cela encore par suite de mon organisation, à savoir : que ces trois ordres de la propriété n'étant au fond que le vrai monopole un et indivisible, il en résulte instantanément l'harmonie qui doit désormais sauvegarder la fraternité entre les hommes.

Oui encore ! dans mon système, qui aime la lumière, et qui la réflète au loin, plus de concurrence ; car le travailleur, producteur matériel, pour devenir possesseur de ses instrumens de travail, se garantir pour toujours la satisfaction de ses besoins matériels quotidiens, et s'arracher aux étreintes de ses deux antagonistes — le capital et l'intelligence — a renoncé à sa liberté d'*ouvrier libre*, pour sa nouvelle qualité de *producteur matériel, collectif, intelligent*, de manière enfin à mettre hors de combat l'horrible concurrence et son affreux cortége, d'ouvrier à ouvrier, de maître à maître, d'exploiteur à exploiteur, d'industrie à industrie, et changer cette même concurrence et son épouvantable entourage en une émulation digne, honnête, fraternelle !

Oui enfin ! par mon organisme rayonnant qui apporte la chaleur là où rien encore n'avait fructifié, plus d'exploitation, puisque le capital, l'homme possesseur et exploiteur, disparaissent pour toujours. Devant eux, maintenant, ne sont plus des inférieurs intellectuels et matériels courbés sous leur volonté rapace ou capricieuse ! mais bien des hommes grandis de toute la taille de possesseurs, traitant de puissance à puissance, et sur le pied de la plus parfaite égalité. Car enfin, si le possesseur, l'homme riche, a un capital, des terres et des châteaux, l'homme intellectuel a la propriété du génie et de l'intelligence, et le producteur matériel ses instrumens de travail, la propriété des forces physiques naturelles et artificielles !

ECHIQUIER SOCIAL.

Notre système pratique a donc pour principe immuable, et comme bases fondamentales civilisatrices, le matérialisme, mais composé.

Trois élémens distincts sont nécessaires à sa réalisation immédiate. Ils seront égaux en puissance active et créatrice ; et, comme valeur intrinsèque ou positive, ils se résumeront ou se tariferont par l'argent.

1° Le premier élément, la terre, le capital, tout — matériellement parlant ;

2° Le deuxième élément, l'intelligence, la production intellectuelle, le commerce, le négoce, — travail moral ;

3° Le troisième élément, la main-d'œuvre et sa production matérielle de toutes choses, les forces physiques, naturelles et artificielles.

Le symbole de notre association humaine, à l'encontre de l'ancien, qui n'était que l'asservissement, est une trinité sainte (le nombre trois aux yeux des hommes ayant toujours été sacré), dont l'unité morale et matérielle est la propriété ; propriété possédée irrévocablement par les individualités admises définitivement sur le nouvel échiquier social.

La propriété morale et physique dont nous avons déjà parlé, se subdivise en trois germes naturels pondérateurs, un et indivisibles.

Le premier germe, l'argent ; résumant en lui tout ce qui constitue la propriété matérielle ou première catégorie des individualités libres, admises de fait sur notre échiquier ; continuité de possession par l'hérédité, transmission à des tiers, donation temporaire ou définitive, vente ; association en commandite ou anonyme, celles également entre deux ou plusieurs individualités de cette première catégorie, soit aussi avec une ou plusieurs individualités de la deuxième catégorie, mais sans exploitation de l'homme par l'homme. Marchés, conditions et conventions pour la production matérielle de toute chose, avec les individualités collectives de la troisième catégorie dans la personne des gérant, directeur ou administrateur, légalement élus par elles, et ayant pouvoirs suffisans. Ces conventions, conditions ou marchés s'établiront au moyen du salaire et de la prime d'exploitation dont il sera parlé au quatrième chapitre. Ces susdits paiemens ou versemens de salaire et prime seront réalisés chaque semaine, quinzaine ou mois, pour tous délais, selon que les conditions auront été convenues entre les parties contractantes.

Cette première catégorie de la propriété matérielle, déjà suffisamment garantie par nos lois qui la sauvegardent contre les convoitises et les accaparemens des individualités qui ne veulent pas s'astreindre aux règles imposées par la civilisation : — le bien d'autrui ne convoiteras ni retiendras à ton escient, — sera le premier pôle organisateur du travail, autour duquel toutes les individualités des deux ordres inférieurs, et celles refoulées en dehors de mon échiquier (valets et incapables) viendront converger. Ce sera le temple de la Fortune ; la récompense accordée aux grandes intelligences, aux grandes découvertes, aux sublimes vertus ; ce sera enfin le point de mire de toutes les ambitions morales et matérielles.

Le deuxième germe : l'intelligence ! résumant en lui tout ce qui constitue la propriété intellectuelle en la centuplant, — le commerce, le négoce, la finance, l'invention, la perfection, les œuvres du génie passées à l'état de production matérielle, etc., etc.

Deuxième catégorie des individualités libres, admises de fait et de droit sur notre échiquier. Continuité de possession par l'hérédité, etc., etc. (Comme au premier degré).

Restriction toutefois applicable, pour cette deuxième catégorie, à la propriété intellectuelle du génie passée à l'état de produit matériel et sous la production ou la dépendance d'un privilége, d'un brevet d'invention ou de perfectionnement, dont la durée n'est pas encore expirée.

Car le domaine public, cette autre exigence humaine, veut aussi ne pas perdre ses droits à l'héritage commun. Ces divers priviléges ne devraient avoir désormais qu'un temps ainsi limité, cinq ans au moins, vingt ans au plus, selon le mérite de la chose qui aura donné droit au privilége ou brevet. (Quant au reste, comme pour le premier degré.)

Cette deuxième catégorie de la propriété intellectuelle matérialisée sera suffisamment sauvegardée par les lois existantes. Peu d'efforts resteront à faire au pouvoir pour l'harmoniser en toutes choses, la législation définitive sur cette deuxième catégorie pouvant se réduire pour le moment à quelques rectifications.

Cette propriété du deuxième ordre sera l'arène incommensurable, le véritable tabernacle humain, la baratte immense où toutes les individualités des trois ordres et chacune d'elles, selon leur volonté, leur caprice, leur libre arbitre, leur moi, ainsi que celles refoulées en dehors de notre échiquier (les brutes et les incapables), viendront se mouvoir et produire à leur gré : nouvelles comètes tourbillonnant dans l'espace ; ne détruisant rien dans leur marche irrégulière et rapide, mais servant puissamment les décrets de Dieu dans le mouvement journalier qu'il imprima aux corps et aux êtres créés....

Libre à cette individualité partie de si haut de notre échiquier ; à celle-ci partie du bas ; à cette autre partie d'au-delà, mais toutes avides ou d'or ou de dignités, ou de réputation, ou de gloire, de se les rendre tutélaires ou propices. C'est leur droit, leur libre arbitre, leur moi égoïste civilisé !... Laissons donc aux individualités passionnées, ardentes, les illusions, les rêves, l'avenir, l'espérance ! laissons ces individualités hors rangs, parties de points extrêmes, se heurter, se briser, s'entraîner dans leur chute ; n'ont-elles pas encore le soleil et l'espace ? Le pôle supérieur leur manquant, ne sont-elles pas assurées du pôle inférieur, lequel, comme une bonne mère nourricière, leur tend toujours ses bras ?

Mais aussi, dans l'intérêt de la société, que le pouvoir soit persévérant dans sa surveillance envers ces hommes ; car, ne savons-nous pas que les extrêmes en toute chose, s'ils poussent au beau, au vrai, au dévouement, au sublime, poussent également, en sens inverse, au mensonge et au mal. C'est ainsi, que, de l'extrême ou de l'absolu dans la liberté nous sommes arrivés à l'exploitation de l'homme, à son asservissement moderne ; et pour conséquence finale, à la concurrence : le moi égoïste civilisé qui détruit tout—hommes et choses ; et enfin, arrivant par cet établissement impie de l'extrême ou de l'absolu aux résultats les plus déplorables, nous avons la misère à nos portes, et la faim qui les ouvre ; l'extrême ou l'absolu dans cette hypothèse, enfin, mais c'est le crime !!! Que le pouvoir surveille donc !

Le troisième germe : le travail manuel ! multipliant et constituant définitivement l'unité de la propriété matérielle, résumant en lui, seul et unique possesseur, tout ce qui constitue les forces physiques humaines naturelles et artificielles : l'outillage, les machines et les autres engins servant à la confection ou production matérielle de toutes choses.

Troisième catégorie des individualités, mais collectives, inexploitables, admises de droit naturel et civilisateur sur notre échiquier, afin d'accomplir l'œuvre de Dieu : liberté, égalité, fraternité !

Abolition radicale d'association en commandite, anonyme et particulière, entre une ou plusieurs individualités de cette troisième catégorie, soit entre elles, soit également avec une ou plusieurs individualités des deux catégories supérieures ; mais solidarité, responsabilité morale et matérielle entre toutes les corporations quant à la propriété des instrumens de travail, ou troisième partie de la propriété matérielle.

L'exploitation ou confection des produits matériels étant acquise désormais aux corporations ou individualités collectives seules, l'individualité libre, ou collective, à quelque catégorie qu'elle appartienne, ne pourra, sous quelque prétexte que ce soit, exploiter à son escient aucune production ou confection matérielle, soit pour son propre compte, soit pour celui d'autrui, sans encourir immédiatement toute la sévérité des lois, comme convaincue et coupable de vol envers la propriété nationale.

Néanmoins l'individualité de cette 3e catégorie, ainsi que celle placée en dehors de notre échiquier, pourront toutefois jouir de toute la plénitude du droit qu'elles ont de se livrer au commerce, au négoce et à la finance, en se conformant aux règlemens existans des patentes, contributions, etc., etc.

Marchés et conventions dans les transactions de la production matérielle de toutes choses, au moyen du salaire et d'une prime (comme il sera expliqué au 4ᵉ chapitre de la Corporation.)

Continuité de possession de cette partie de la propriété des instrumens de travail (il est bien entendu pour le moment que les locaux ou bâtimens qui contiennent ces instrumens de travail n'étant pas nécessaires aux travailleurs, l'opportunité de leur acquisition n'étant pas absolument reconnue urgente, il pourra toutefois plus tard y être pourvu, mais seulement dans l'intérêt des corporations) ; continuité par la corporation d'âge en âge et sans partage ; achat, entretien et renouvellement lent, mais progressif de l'outillage, machines et engins nécessaires à toute bonne et loyale exploitation.

Cette propriété du troisième ordre sera le deuxième pôle et le dernier élément organisateur du travail ; il sera l'axe inférieur autour duquel viendra converger l'être dégénéré, l'individualité infime, celle que la fatalité poursuit sans relâche et que le bonheur ou le hasard ne maintiennent plus au banquet social de la vie sensuelle et confortable des heureux du jour.

Ce deuxième pôle sera enfin un lieu de halte, l'ancre de miséricorde, le refuge humain, fraternel, de manière qu'après y avoir séjourné plus ou moins et s'y être reconforté matériellement, l'individualité déchue puisse se lancer de nouveau dans l'arène et voler derechef à la conquête d'un mieux possible.

Tout n'est pas dit dans ce que nous venons d'établir ; il nous reste encore dans cette suprême question du travail bien des choses à coordonner et à faire. Nous espérons y parvenir, c'est là toute notre ambition.

Mais avant de terminer ce troisième chapitre, qu'il me soit permis d'établir par des chiffres, lesquels ont aussi quelquefois leur intelligence, toutes les ressources financières qu'offrent les associations collectives ou corporations. Mais avant de traiter rationellement cette question d'argent, établissons de suite, par un exemple concluant, l'évaluation approximative de la propriété des instrumens de travail de toute une profession ou corporation.

Paris, la capitale de la France, par sa typographie ou imprimerie, nous servira pour formuler l'exemple que nous voulons établir. Je pense que nous pourrions arriver nettement, mais sommairement, à un état vrai de la situation générale de la France, sous le rapport industriel, et que ce travail, si colossal au premier coup d'œil, serait très-facile, puisque chaque corporation n'aurait absolument, dans toutes les localités, qu'à suivre notre méthode.

Paris et sa banlieue possèdent 90 imprimeries ou à peu près, savoir :

20 sans matériel, brevets en poche, chaque brevet d'une valeur de 15,000 fr., ci .... 300,000 fr.
10 presque sans matériel et d'une valeur chacune de 24,000 fr., y compris le brevet, ci......... 240,000
10 qui ont un matériel plus ou moins hors de service, brevet compris et d'une valeur chacune de 35,000 fr., ci............... 350,000
10 ayant un matériel plus ou moins considérable, brevet compris, d'une valeur chacune de 55,000 fr., ci 550,000
10 dont le matériel est plus en rapport avec les besoins de l'époque 75,000 fr., ci........... 750,000
10 d'une moyenne réputation, 100,000 fr., ci............. 1,000,000
5 typographies en réputatation, 150,000 fr., ci................ 750,000
5 idem supérieures, 300,000 fr., ci 1,500,000
10 imprimeries dans la banlieue, estimées en bloc.............. 100,000

Total...... 5,540,000

N. B. Je n'ai point évalué le chiffre de l'imprimerie nationale, le Gouvernement, je suppose, devant l'abandonner aux travailleurs de cette corporation.

Nous affirmerons, sur l'honneur, que 36 imprimeries à Paris suffiraient, et au-delà, pour les besoins de la consommation, et 5 pour la banlieue, total 41 imprimeries ; et pourtant nous en comptons 90 ! Mais c'est épouvantable qu'un pareil éparpillement de force productive, et qu'un pareil luxe d'instrumens ne fonctionnant pas, ne rendant rien ou presque rien. Ne nous étonnons donc plus de cette ignoble concurrence d'atelier à atelier, d'ouvrier à ouvrier, dans toutes les professions, de la modicité des salaires, du grand nombre des faillites. Remarquons encore ce qui doit se produire dans les autres professions, elles qui sont libres, tandis que l'imprimerie est privilégiée, et est presqu'un monopole. Toute cette organisation monstrueuse, ancienne, est dans un état plus qu'alarmant. C'est presque le chaos !

Admettons maintenant, pour revenir à mon système financier au sujet du rachat des instrumens de travail, que l'imprimerie parisienne et de la banlieue compte un personnel de cent conducteurs de machines, neuf cents imprimeurs et trois mille compositeurs. Ces trois catégories d'ouvriers, par spécialité, donneront un total de quatre mille typographes.

Admettons encore, mais d'après mon système d'organisation du travail et l'évaluation réelle du salaire futur par semaine, la moyenne 30 fr., moyenne aujourd'hui n'allant pas au-delà de 15 fr., relativement au nombre des ouvriers peu ou point occupés.

J'inscrivais ce fait en janvier 1847.—Remarquez bien l'époque. — Quelles profondes misères sont nées depuis cette dernière date, aujourd'hui mars 1848.

Admettons également que les producteurs matériels puissent, lors de notre organisation définitive, distraire de leur salaire de chaque semaine 5 p. 100 brut, pour résultat, nous aurions :

Par semaine, 4,000 ouvriers, ci.   6,000 fr.
Par année,   *Id*.   ci.   312,000
En 18 années,   *Id*.   ci.   5,616,000

Ainsi, nous le voyons, en dix-huit années, à la rigueur, l'imprimerie de Paris pourrait solder hardiment le montant colossal du rachat de ses instrumens de travail, montant à la somme énorme de 5,540,000 fr. Il en serait de même des autres corporations.

Quant aux intérêts 5 0/0 du capital montant à 5,540,000, il est facile de les voir couverts par l'intérêt que rapporteraient les dépôts successifs de chaque semaine, et par l'extinction progressive du capital diminuant graduellement par les à-comptes soldés chaque année.

Le gouvernement pourrait ordonner également l'emploi des versemens hebdomadaires des travailleurs, de manière à leur procurer le meilleur rapport possible. Ces données, posées à la hâte, ne sont sans doute pas à l'abri de la critique. Mon excuse sera dans mon peu de savoir en toutes choses.

De tout ce qui précède nous pouvons conclure que le nouveau système d'organisation sociale des travailleurs est non-seulement le seul qui réponde aux idées de liberté, d'égalité et de fraternité, mais qu'il serait en même temps le plus stable, en raison du bien-être qu'il procurera à la masse de la nation, qui se trouvera ainsi intéressée à le maintenir contre toute tentative réactionnaire. Ce système rencontrera de l'opposition, nous n'en doutons pas : il est en socialisme ce qu'est le gouvernement républicain en politique. Mais, de même que les clameurs impuissantes de quelques opposans à la république qui vient d'être si glorieusement proclamée, s'il s'en élevait, seraient à l'instant couvertes par les voix de 30 millions de citoyens, de même les opposans au système de l'organisation du travail par la propriété des instrumens seraient écrasés par l'unanimité des travailleurs, qui trouveront dans ce nouvel état social le bien-être et les garanties d'existence qui leur ont toujours été refusées.

Passons maintenant à mon quatrième et dernier chapitre : — L'organisation de l'association collective ou corporation.

CHAPITRE IV.

DE L'ORGANISATION DU TRAVAIL,
PAR LA CORPORATION OU ASSOCIATION COLLECTIVE.

Tant que la porte conduisant à l'exploitation de l'homme par l'homme restera ouverte à ses tentations ardentes, aujourd'hui si égoïstes, si ambitieuses et si immorales; tant que le capital et l'intelligence seront deux leviers d'oppression tyrannique; tant que l'homme pourra faire quoi que ce soit sans contrôle, sans liberté limitée, et que son libre arbitre despotique civilisé lui servira de guide en toute chose, il faudra désespérer de l'avenir et du bonheur de l'humanité.

Mais si un ordre social meilleur s'est révélé à la sagesse humaine, aujourd'hui si progressive — mars 1848, — pourquoi ne pas s'expliquer, ne pas s'entendre, pourquoi enfin ne pas entrer résolument dans cette nouvelle voie?

Et d'abord: si l'homme, en naissant, doit immédiatement satisfaire un besoin impérieux, et, comme le plus abject ou le plus infime des animaux — manger pour vivre, — que devient la civilisation actuelle devant ce besoin si légitime et si naturel ; que devient cette société, ainsi constituée, si elle est impuissante à lui fournir, à lui garantir immuablement cette pâture quotidienne ? Pourquoi, alors, avoir troublé l'ordre naturel des choses ? Pourquoi, enfin, avoir dépouillé l'individualité de son droit naturel aux fruits de la terre, qu'elle tenait du Créateur, et qui lui donnait la faculté d'assouvir sa faim selon que son moi brutal l'aiguillonnait plus ou moins énergiquement ?

Sans approfondir davantage cette question, toute brûlante d'actualité, et que nous abandonnons à la sagacité et à la perspicacité des savans, il n'en reste pas moins prouvé, ce nous semble, aux yeux de tous — intelligens et incapables, riches et pauvres, — que l'organisation humaine qui nous est arrivée ainsi faite à travers les siècles — dits civilisés — est aussi vicieuse et peut-être plus immorale que celle naturelle, sous laquelle durent vivre les premiers hommes.

Si nous sommes étonnés de cet état anormal, combien ne le sommes-nous pas davantage de voir cette position si pleine de tempêtes se continuer ainsi de 1789 à 1830, et depuis cette dernière époque jusqu'en 1848 ? Mais ce qui nous surpasse et nous afflige profondément, c'est que la France, ce pays de l'intelligence et du progrès, après avoir subi deux révolutions grandes en réformes sociales — lesquelles pourtant sont si urgentes, aujourd'hui et plus que jamais, — n'ait pas eu par ses représentans légaux, les différens pouvoirs qui se sont succédé depuis cinquante ans, la révélation du remède héroïque — l'organisation du travail, — afin de tarir à jamais et les souffrances du peuple, et les causes incessantes de nos terribles révolutions.

D'où vient ce long silence? devons-nous l'attribuer à l'ignorance ou au mauvais vouloir de nos législateurs? joindrons-nous également à ceux-ci tous nos princes de la science économique, lesquels, soit dit en passant, ont toujours été si largement dotés qu'ils pourraient fort bien s'être laissé tomber tout simplement dans l'engourdissement sans exemple d'une pareille inertie? Aurions-nous tort, nous, ouvrier infime et sans valeur dans le monde réel, d'assumer sur tous ces muets autocrates modernes la responsabilité entière des malheurs publics? Ou bien enfin, serait-ce plutôt le sens instinctif populaire se dégourdissant plus révolutionnairement aux idées de février 1848, ou mieux encore, l'individualité fatalement déchue sentirait-elle, par les tiraillement de son estomac, que tout ici bas — organiquement parlant — doit avoir une fin prochaine? Nous verrons!...

Si, plus juste que ceux dont nous venons de parler, nous admettons sur notre nouvel échiquier social toutes les forces vives des individualités qui méritent leur émancipation ; si, par le fait de la propriété, nous les rendons parfaitement égales — matériellement — aux deux catégories supérieures de la société, sans presque rien déranger dans ce qui existe aujour d'hui (causes et effets qui ne sont pas à dédaigner à notre époque révolutionnaire); si donc, les classant définitivement, de manière qu'elles puissent produire harmonieusement — exploiter! mais sagement, prudemment, et que, tout en cherchant leur bien-être matériel restreint ou normal, elle puissent arriver à leur développement intellectuel ou moral comme leurs deux sœurs aînées en propriété, sans causer ni tort, ni dommage à la société, que pourrait-on encore nous objecter de sérieux, je le demande?

Nous savons aussi qu'en dehors de notre échiquier quelques individualités restent encore à classer; nous savons également, qu'incapables ou inintelligentes, elles sont impropres pour le moment à être soumises aux exigences de notre nouvelle organisation. Mais aussi, hâtons-nous de le dire, moins exclusifs que nos ci-devans législateurs et économistes, lesquels jamais ne voulurent accorder aux masses les plus petites réformes socialistes, nous leur avons laissé du moins la porte ouverte, nous! ils n'ont qu'à se présenter. Notre système est là! grand, généreux et tout glorieux, appelant à lui l'humanité!... Notre socialisme à nous, c'est la fraternité!

Ainsi, l'être déchu, le prolétaire moderne; le paria de la vieille société; le producteur matériel sans travail et bientôt sans pain; l'ouvrier déclaré libre en 89, mais encore — mars 1848 — sous la dépendance du capital ou d'un exploiteur rusé ou impitoyable; l'individualité collective, enfin, incarnée d'abord, puis ensuite enfantée par mon système organisateur, devient soudainement l'être moral collectif — la corporation, — toujours jeune, toujours ardente et active, avide de bien-être matériel, son seul lot et son seul espoir présent; vrai être collectif devenu instantanément moral; corporation résumant en elle, seule et unique, les volontés, les améliorations, les transformations, selon les circonstances, l'opportunité, le progrès des temps, la succesion des êtres — la vie et la mort, — se renouvelant chaque année, chaque siècle et éternellement; ayant en elle, également, une et indivisible, par la solidarité, toutes les forces physiques naturelles et artificielles de la production matérielle ; économiste habile et du temps et des choses et ne gaspillant rien ; produisant avec discernement, aujourd'hui, demain et toujours, de bonne confection et au meilleur marché possible (plus loin nous expliquerons comment), sans duperie, sans tromperie, sans jamais *voler* personne, afin de reproduire constamment; et tout cela marchant sans encombre, sans tiraillemens, par le fait d'une seule volonté — sévère, impassible, immuable comme le destin.... la nécessité ! nécessité de manger, enfin, qui doit irrésistiblement régler désormais les droits et les devoirs parmi les hommes; harmonie parfaite en tout et partout; apogée régulier, légal mais infranchissable ; liberté, égalité, fraternité dans l'unité ; ordre public garanti par tous à tous; bien-être moral et matériel de l'association collective solidaire, reversible et contre-reversible entre les corporations : voilà notre système organique du travail. Le repousserez-vous, ô producteurs matériels, et vous tous, possesseurs et travailleurs intellectuels?

Heureuses seraient alors les corporations possédant des machines ou autres engins destructeurs, et vous tous, ouvriers, qu'ils ont refoulés, réformés ou réduits sans pain, comme un instrument productif inutile !

Ainsi, dans l'imprimerie, qui me sert encore ici d'exemple, combien de travailleurs, aujourd'hui sous le coup de la machine, du capital ou de l'exploiteur, énervés et dans la misère la plus épouvantable, seraient bientôt de vigilans producteurs, et par conséquent d'avantageux consommateurs. Quelle vie, quelle masse de bonheur de tous, reversible sur tous, du fait de cette consommation inespérée et extra-inconnue !

O enfans du travail, réjouissez-vous, car les joies ineffables de la satisfaction des besoins matériels vont vous être acquises et garanties.

Ainsi la rapidité, de nos jours si nécessaire, si utile à la production des journaux ou écrits quotidiens, nécessité absolue de la pensée, que les machines sont chargées de reproduire instantanément au-delà des bornes de la République, sont des faits possibles, certains ; ceci maintenant est vrai, positif. De plus, cette ressource de production que ces machines offriront tôt ou tard aux différentes corporations qui n'en sont point encore dotées, leur permettra, en dehors du travail manuel, normal, quotidien qui leur est garanti, de produire encore rapidement des choses urgentes et nécessaires, mais inopinées et au-delà de toute prévision. Donc, soulagement pour les producteurs matériels d'un surcroît de besogne impossible pour les forces humaines, et conséquemment, bénéfice de cette production mécanique déposé dans les caisses de réserve, pour arriver plus tard, aux époques calamiteuses et d'absorption minime des produits, à payer toujours et régulièrement le prix de la journée au travailleur peu ou point occupé.

Ainsi encore, par suite des machines ou engins, il pourrait arriver, en poussant ce raisonnement à l'extrême ou à l'absolu, que toutes les corporations étant munies d'un nombre suffisant de machines, et au moyen d'une manivelle mue par la vapeur, tous les travailleurs devinssent spontanément ou progressivement des hommes de loisir. Ceci étant un rêve, n'en parlons plus.

Tous les anciens possesseurs des instrumens de travail étant donc légalement remboursés de cette troisième partie de la propriété, acquise définitivement aux associations collectives ou corporations, resteront tout naturellement dans les deux catégories supérieures classées désormais sur notre échiquier social, et y apporteront tout le produit financier résultant du rachat de la propriété des instrumens de travail. Ces deux classes de citoyens, déjà si riches par elles-mêmes, car elles possédaient presque tout, capital, intelligence et production matérielle, réunissant maintenant dans leurs mains toutes les valeurs financières de la France, et débarrassées enfin, et pour toujours, des embarras et des inquiétudes de la production matérielle, pourront également, soit individuellement, soit par l'association restreinte ou absolue, s'occuper plus efficacement du placement de leurs marchandises, en leur créant des débouchés jusqu'ici *indevinés*. N'auront-ils pas également devant eux et le temps, et l'espace, et le génie ! lequel, nouveau soleil, embrasse et vivifie tout !... Dans la part que leur a faite mon organisation, il serait très-mal à eux, je suppose, de venir exciper de droits imprescriptibles que la nouvelle société repousse de toute la puissance de ses facultés révolutionnaires. Pour Dieu, qu'il n'en soit plus question ! C'est d'un contrat nouveau maintenant qu'il s'agit, c'est de conserver ce qui est bon et rejeter ce qui est mauvais, c'est enfin d'établir inébranlablement la société sur des bases solides et impérissables, et non pas d'intérêts secondaires, mesquins et individuels. Nous savons de reste que ces mêmes intérêts égoïstes, à l'heure qu'il est, germent et sont à l'état de fusion dans vos cerveaux, afin de renaître plus ardens ou plus rapaces que jamais... Mais, pour Dieu ! messieurs les aristocrates, si vous n'avez rien de généreux au fond du cœur, soyez prudens, ne lésinez pas, ne liardez pas devant cette grande et sublime élaboration révolutionnaire qui va saintement s'incarner sur la terre, et dont le symbole trinitaire — propriété, association, travail, — fera bientôt aussi le tour de l'Europe.

Point de résistance devant cet avénement; point de faux-fuyans devant les volontés justes et légales des producteurs matériels. Ne savent-ils pas qu'on pourrait fort bien encore les refouler en bas ? Mais ils vous suivent pas à pas; leur œil suit les vôtres; ils sont éveillés !!!

Les producteurs matériels également heureux et tranquilles sur leur présent et leur avenir, puisqu'ils sont devenus propriétaires collectifs et garantis pour toujours, doivent bien se pénétrer que jamais ils ne devront supporter ou subir le partage de cette même propriété, soit individuellement soit par famille; car à l'instant même on verrait renaître les mêmes monstruosités et les mêmes violences qu'aujourd'hui nous voulons anéantir.

Que la propriété des instrumens de travail reste donc établie comme le prescrit mon organisation; qu'elle soit pour les travailleurs l'arche sainte de Noë; qu'ils ne violentent pas, qu'ils ne tourmentent pas cette propriété, et comme lui, sans crainte de naufrage, ils vogueront au sein des tempêtes.

Qu'ils subissent donc le salaire, puisque la fatalité le veut ainsi, mais mieux entendu que par le passé; qu'ils se soumettent sans murmurer à cette exigence, et ce qui, de prime abord, nous paraît une énormité, va nous sembler de la bonne et loyale justice.

Considérons d'abord, et analysons ensuite, mais sérieusement, la position que nous ferions à l'être collectif — la corporation — si, tout en lui conservant la propriété une et indivisible des instrumens de travail, nous lui abandonnions également toute la puissance du capital, et par conséquent la somme des bénéfices attribuée aux possesseurs de ce même capital sous l'ancien ordre de choses.

Le droit imprescriptible de continuité dont jouit la corporation ; cette progression successive des êtres collectifs sans interruption, de génération en génération, de siècle en siècle, amènerait forcément, en un temps donné, mais bien reculé, j'en conviens, que tout ce qui constitue la propriété matérielle passerait du côté de ces mêmes corporations. Ce ne serait donc pour résultat ultérieur que l'arbitraire du travail matériel s'imposant aux deux catégories supérieures de notre nouvelle société ; ce serait toujours pour conséquence finale l'exploitation de l'homme par l'homme, mais par d'autres moyens, peut-être plus ignobles que ceux d'aujourd'hui ; ce serait enfin l'anarchie comme aujourd'hui ; car si le capital, à l'heure qu'il est, asservit les hommes, ne le seraient-ils pas alors par le travail matériel ?

Nous avons donc raison de maintenir le salaire ; nous avons donc raison d'organiser la corporation ainsi, afin qu'elle ne puisse tourmenter l'harmonie de notre système, et apporter le trouble là où tout doit être paisible ; qu'elle ne puisse causer, enfin, le moindre tort ou le plus faible dommage aux deux premières catégories de la propriété, en les garantissant de la rapacité de toutes les convoitises.

Un autre motif encore, presqu'aussi puissant que celui dont venons de parler, nous a également conseillé de faire disparaître de la corporation et le capital et les bénéfices. Pour être normalement organisée, nous sommes convaincus de la nécessité, pour la corporation, d'être radicalement préservée de tourmentes industrielles et commerciales, d'entreprises hasardeuses, d'exploitations chanceuses et même de faillites. Voilà enfin pourquoi nous l'avons débarrassée de toutes ces contrariétés morales et de toutes ces fluctuations journalières et de chaque instant, afin qu'elle puisse se lancer résolument et avec dévouement dans l'œuvre de son rude labeur.

Ceci bien entendu, passons à un autre ordre de choses, qui, bien que d'une utilité secondaire quant à notre organisation, lui pourrait servir d'auxiliaire, en ce sens que bien des hommes, en dehors de nos principes, pourraient bien peut-être s'y rallier en désespoir de cause.

Qu'il me soit permis de faire ici une révélation, révélation toute d'instinct, tant mes sens matériels me dominent, et que nous adressons volontiers à nos frères les prosélytes des divers systèmes socialistes parus jusqu'à ce jour. Les réunissant tous dans un seul et même cercle, nous leur disons :

Vous tous qui voulez la liberté, l'égalité, la fraternité ! même l'intelligence humaine égale entre tous les hommes, afin d'arriver à la plus grande perfectibilité physique et morale, au moyen d'un idéal intellectuel et tellement reculé dans ses limites, que l'éternité, si elle avait des bornes, s'éteindrait plutôt avant l'apparition de votre système non réalisé;

Vous tous, socialistes et communistes à divers principes, vous tous que j'aime et à qui je serre les mains dans ma main fraternelle, vous seriez bien heureux si je vous démontrais la possibilité de vous faire arriver spontanément par le matérialisme de mon système au spiritualisme du vôtre.

Expliquons-nous. En effet, si les masses populaires productives étaient organisées contrairement à mon système, lequel repousse et capital et bénéfices, et veut que la propriété soit distincte, spéciale et conservée aux trois catégories de possesseurs, il arriverait qu'un jour, par suite de l'accaparement progressif matériel et de l'absorption intellectuelle par les masses, lesquelles, devenant enfin égales en toutes choses aux classes supérieures, finiraient par tellement s'entendre avec elles, qu'à un jour donné, le communisme le plus idéal serait proclamé.

Malheureusement, nous avons de vers nous des idées par trop radicales contre cet ordre de choses, et trop puissantes pour laisser rayonner trop longtemps cet idéal admirable. Aussi allons-nous le démolir immédiatement au moyen de nos idées,—système intellectuel,—et puis nous le mettrons à mort par le— système matériel,— lui si robuste.

Toutes ces nouvelles combinaisons sociales ont besoin de temps, et plus encore de progrès, disions-nous en 1847, pour s'établir uniformément, et puis ensuite radicalement, au milieu de nous. Où seraient, d'ailleurs, les hommes capables d'une pareille conquête avec nos habitudes et nos mœurs, notre égoïsme et nos faiblesses ? Il en existe cependant, disions-nous ; ils sont prêts ; mais leur nombre est par trop minime. D'autres en ont bien le désir, mais ils n'osent. D'autres encore voudraient bien s'y joindre, mais ils craignent qu'un bouleversement avorté leur fasse perdre leur pain à moitié garanti, en les refoulant dans les rangs de ceux-là qui déjà sont sans travail, et peut-être seront demain sans pain.

D'autres, enfin, dix fois, cent fois plus nombreux que ceux dont nous venons de parler, mais sans intelligence aucune, sans jugement, sans appréciation du juste et de l'injuste, sont également sans pain et dans la plus profonde misère. Parlez donc à l'intellect de ces masses ; ne sont-elles pas impropres dans tous les genres à percevoir votre sublime morale ? Croyez-moi, elles auraient besoin plutôt d'être placées immédiatement dans un lieu propice, à l'effet d'y être reconfortées matériellement. Puis alors, et ceci se comprend, elles ouvriraient l'oreille à vos enseignemens moraux.

Je le demande à tous les hommes sains d'esprit : sommes-nous organisés aujourd'hui en vue d'un pareil avénement ? Certes, non ; et, une fois encore, nous le répétons du fond de notre âme, quels sont les hommes, en dehors de notre organisation, qui peuvent apercevoir la réalisation prochaine de leur système fameux ? Hélas ! quels sont les enthousiastes qui peuvent encore rêver ce bonheur incompris, et dont ils ne jouiront jamais ? Quel serait, en outre, le pouvoir assez puissant, assez audacieux pour en avoir la volonté, et puis l'établir ? Quel serait encore, car que ne faut-il pas pour un pareil établissement, l'entendement humain moral, assez fraternellement organisé, pour comprendre instantanément la suprématie d'un pareil état de choses ? où serait, en outre, la spontanéité d'une pareille résolution ? où prendrait-on, enfin, pour en terminer, — mais cette terminaison est au point de vue matériel, — où prendrait-on la dotation financière ou capital nécessaire pour toutes les exploitations, de manière à ce qu'elles pussent fonctionner tout naturellement, comme toute bonne exploitation fonctionne encore de nos jours ?

Ne vous fâchez pas de nos critiques, frères ; car qui n'en mérite pas ? Croyez-vous que nous-mêmes allons être à l'abri de ses étreintes ? Non, nous serions par trop malheureux, car alors ce serait du mépris. Croyez-vous également que ceux qui possèdent ne vont pas nous adresser des reproches sanglans, et nous gratifier de l'épithète convenue : *Communistes!* Croyez-vous, enfin, qu'en élevant les dépossédés à la taille de propriétaires, et en les rendant égaux à ces derniers par la création de la corporation, je n'ai pas blessé l'orgueil des castes financières ou bourgeoises ? Croyez-moi, amis, serrons-nous les mains fraternellement, et puis soyons hommes !...

Revenons maintenant à mon organisation des traités et marchés conventionnels qui devront s'établir entre les producteurs matériels et les deux catégories supérieures de notre nouvelle société.

Le salaire, donc, sera payé à la corporation, dans la personne du gérant, directeur ou administrateur légal, non pas, comme autrefois, par le maître ou l'exploiteur, selon sa volonté, son caprice et sa rapacité, ou par suite des crises, vraies ou factices, qu'il savait si bien faire tourner à son avantage, mais bien d'après une méthode largement établie, et qui devra servir de diapason dans l'évaluation desdits salaires et primes que nous réglerons plus loin.

En conséquence de ce qui précède, les individualités des deux catégories placées en tête de notre échiquier viendront, au siége de l'exploitation, faire leur commande, leurs traités ou marchés. Puis ensuite, au fur et à mesure de la livraison des produits par l'exploitation, elles solderont la valeur de ces produits livrés en leurs mains, aux mandataires élus représentant la corporation.

Ces divers traités, marchés et conditions seront tellement naturels et faciles, qu'à l'instant même de l'établissement de notre organisation, tous nos macaires, tous nos commerçans ou négocians rusés — plaie infâme et dégoûtante de la vieille société — disparaîtront miraculeusement devant le flambeau du positif. Ce règne proclamé, plus de ténébreuse conduite, plus de réputation usurpée ou mensongère, plus de solvabilité douteuse, plus de voleur sous le masque de la probité; dès lors, plus de dupes, et par conséquent plus de victimes.

Ainsi, nous le voyons, là où était naguère la bouteille à l'encre; là encore (mars 1848) où tant de sales affaires gisent et croupissent, ces centres industriels enfin renaîtront à la vie matérielle plus beaux et plus jeunes que jamais.

Le salaire ou prix de la journée de l'individualité collective sera basé sur un principe général, de manière que là où la vie matérielle est facile ou peu dispendieuse, ce même salaire y soit établi dans de justes proportions.

En conséquence, nous diviserons la République française en cinq zones : Paris, comme capitale de ce grand et populeux empire, formera à lui seul la première zone républicaine. Les salaires et la prime industrielle y seront conséquemment établis au maximum.

Ceci bien compris, nous établirons l'unité du salaire entre toutes les associations collectives ou corporations d'une même zone, et nous dirons :

Première zone : Paris, seule et unique, six francs par jour, dix heures de travail.

Deuxième zone : Toutes les villes de France

et grands centres de population industriels collectifs ayant entre eux, à peu de chose près, les mêmes affinités matérielles dans l'alimentation, loyers et vêtemens, seront uniformément et unitairement classés dans la zone qui leur sera spéciale. Ainsi nous dirons :

Deuxième zone : Cinq francs par jour, dix heures de travail.

Troisième zone : Quatre francs par jour, dix heures de travail.

Quatrième zone : Trois francs par jour, dix heures de travail.

Cinquième zone : Deux francs par jour, dix heures de travail.

Nous avons dit, et nous allons le répéter encore une fois, que l'absolu en toute chose n'est que l'anarchie, et nous allons le prouver, en établissant l'inégalité relative qui existe entre les hommes d'une même profession.

Toutes les corporations ou associations collectives, dans quelque zone qu'elles soient établies ou classées, auront toujours le droit — et ceci sera un devoir, comme en agissaient les anciens patrons — la faculté d'établir légalement la différence qui existe entre un travailleur habile, et ce nom comporte toute sa signification, et ceux qui ne le sont pas au même degré, et de ceux-ci avec les moins habiles. Où serait le grand mobile de l'émulation, de l'ambition, qui seules donnent le mouvement et la vie, si la rémunération par le salaire égalitaire était proclamée parmi les hommes, et particulièrement d'abord essayée sur les ouvriers ? Ce serait créer immédiatement un niveau fatal qui proscrirait tout progrès dans la main d'œuvre, et nous ferait reculer vers la nuit de l'ignorance.

L'absolu en toute chose, théoriquement parlant, peut quelquefois s'établir; mais, pratiquement, c'est autre chose, et même quelquefois c'est une erreur, un rêve. La part que l'on devrait faire à l'intellect serait comptée pour rien, et pourtant, sans intelligence chez les hommes, comment les moraliser ?

En conséquence, et par suite de ce que nous venons d'établir, le maximum du salaire, dans les trois premières zones, subira une diminution de 50 centimes pour les ouvriers secondaires et d'un franc pour les ouvriers inférieurs.

Les ouvriers des deux dernières zones ne subiront cette diminution que dans la proportion de vingt-cinq centimes pour les ouvriers secondaires, et cinquante centimes pour les inférieurs.

Toutes ces retenues opérées sur le salaire par les corporations, seront versées dans une caisse spéciale instituée par le pouvoir à l'effet de faire fructifier le plus possible, par cette caisse, les fonds que les associations collectives y viendraient déposer. Ces caisses pourraient être établies dans chaque chef-lieu de département, sous la dénomination de Caisse de réserve des producteurs. — Nous parlerons bientôt de ces caisses.

Toute exploitation rationnellement établie et

normalement organisée doit avoir, par ce qu'on qu'on appelle frais généraux, une masse de fonds nécessaire afin de préserver de toute ruine ce qui ne doit jamais périr. C'est donc pour cela que nous allons parler de la prime industrielle.

Cette prime serait ainsi établie : Le maximum du salaire de chaque zone serait invariablement le régulateur unique, le vrai diapason à l'aide duquel on fixera le chiffre de cette prime à prélever.

Néanmoins cette prime ne sera pas une et indivisible pour toutes les corporations contenues dans chaque zone, puisque chacune d'elles, par sa spécialité et la cherté de ses instrumens de travail, ne serait pas légalement réglée par ce chiffre unique et égalitaire qui lui serait appliqué.

Nous l'établirions ainsi : 40 0/0 au plus à son plus haut maximum, et 15 0/0 au moins dans son plus faible minimum.

A cet effet, chaque corporation, et dans chaque zone où elle est établie, calculerait consciencieusement le prix d'achat des instrumens de travail, leur entretien, leur durée, les appointemens des administrateurs et des employés secondaires ne travaillant pas matériellement, les loyers et contributions, fourniture d'outillage, etc., etc., dont se servent les ouvriers pour la confection des produits matériels, et, enfin, la fragilité, et par conséquent le remplacement des matières premières confiées à la production, et dont elles sont responsables. De cette manière tout cela s'établirait rationnellement, et la prime industrielle variant entre 40 et 15 0/0, se trouvant également en rapport avec le maximum du salaire, serait bientôt fixée sur des bases certaines.

Ne désespérons donc jamais, quelques embarras ou difficultés qui se puissent présenter, et paraissant inextricables au premier coup-d'œil, rapportons-nous-en à la sagesse et aux instincts intelligens des êtres collectifs. Quel serait d'ailleurs la cause assez puissante pour les dominer ou les forcer de douter ! L'impossible ? et encore..

Je dirais, pour terminer, que, si, par suite d'une bonne gestion ou administration des deniers provenant de la prime industrielle imposée en plus du salaire, il était possible de faire quelques économies assez sensibles pour qu'elles valussent la peine d'être prises en considération, il pourrait être ordonné de les verser dans la caisse des réserves, afin d'augmenter le plus possible les fonds de prévoyance, dont nous allons bientôt parler.

De l'élasticité que nous avons intronisée au sein des corporations, et qui se fait si admirablement sentir dans le salaire seulement, et pour cause, car la prime industrielle est une et ne peut, en aucun cas, subir de variation, puisqu'elle est affectée spécialement au renouvellement progressif des instrumens producteurs au fur et à mesure de leur dépréciation journalière ; ne pourrions-nous pas, par suite de ce raisonnement et par un exemple choisi entre cent, et que nous pourrions également citer, faire ressortir tout l'avantage qui résulterait pour le pays, généralement parlant, de l'établissement immédiat de l'association collective?

Admettons qu'une stagnation, n'importe sa cause, industrielle ou commerciale, particulière à quelques corporations ou générale pour toutes, se manifeste restreinte, ou intense;

Admettons encore qu'un ou plusieurs produits, dépreciés jusqu'alors, sont tellement avilis que nul exploiteur commercial n'ose plus commander sa production crainte d'y perdre son argent;

Admettons toujours qu'un ou plusieurs marchés de l'intérieur ou de l'extérieur de la République soient encore veufs de nos produits par suite de cette excessive cherté dans la production matérielle, les matières premières et la hausse soutenue de l'argent.

Le pouvoir, en toute chose et en toute circonstance, devant tout savoir, et qui, alors, devra tout connaître, tout prévoir, provoquera, à l'époque de ces stagnations, au moyen de délégués des trois catégories de propriétaires qu'il réunira en comités industriels et commerciaux, provoquera des explications sérieuses, au moyen desquelles il pourrait, par des conventions amicales, les amener à s'entendre à l'effet de tarir ou soulager les souffrances du moment et atténuer le plus possible ces mêmes souffrances, si elles devaient se prolonger bien au-delà du terme qui leur aurait été assigné.

Le gouvernement, désormais, par sa paternelle influence, n'ayant plus devant lui maintenant que des enfans à protéger, car par la propriété ils sont tous frères, saura efficacement protéger et réprimer; étendre et restreindre; permettre ou défendre même à telle catégorie de continuer son mauvais vouloir ou sa coupable conduite envers la société. On finirait, je suppose, par s'entendre bientôt, et par la réduction du taux de l'intérêt, la vente des produits et des matières premières, la diminution du salaire, qui pourrait même descendre progressivement jusqu'au minimum, et, enfin, par l'action persévérante de la prodution matérielle, on se préserverait des dangers d'une fâcheuse position, qu'elle soit de courte ou de longue durée.

Qu'une éventualité semblable se présente, telle qu'elle semble vouloir s'établir aujourd'hui mars 1848, pouvons-nous affirmer d'en sortir à la satisfaction de tout le monde? Non! car les élémens d'entente et réducteurs nous font défaut? Où sont nos trois catégories de propriétaires? Hélas!... Notre vieille et décrépite société étant incapable par elle-même d'amoindrir les tristes résultats qui se traduisent à nos yeux et à nos sens intellectuels, gros de tempêtes, sera forcément réduite à l'inertie ou à l'impassibilité que va lui commander sa déplorable constitution. Nous aurons enfin pour conséquence finale: le droit de quelques-uns faisant d'assez bonnes affaires, — car les malheurs publics ont aussi leurs exploiteurs, — et presque pour tout le pays le fait accablant des misères et des souffrances morales et matérielles; et, pour quelques autres, peut-être, l'accablement, le désespoir, la mort! mais la mort produite par la faim!... Quelle épouvantable catastrophe!!! voilà une fois encore les *conséquences positives* et irrécusables d'un pareil ordre de choses? quels seraient donc les hommes qui pourraient encore s'y cramponner?...

Transformons donc la propriété! afin d'anéantir à jamais cet état anormal; rendons le donc désormais tellement impossible que l'avenir de la France puisse enfin, par de beaux jours, devenir une vérité.

L'absolu de la prévoyance est un vice, puisqu'il donne naissance à l'avarice; et qu'en étendant et implantant ce vice individuel ainsi constitué, de la personne au sein de l'organisme social, c'est pousser la société au crime; c'est ce qui existe aujourd'hui.

La vraie, la sainte prévoyance pour une société normalement organisée, serait donc un bienfait de Dieu, si on pouvait, par des moyens moraux et bien entendus, l'édifier fortement et maternellement dans les mœurs et les habitudes de notre future société.

Plus d'aumône! par conséquent plus de secours venant de la charité des castes financières ou des classes bourgeoises; car bien souvent la main qui la répand, agissant sans discernement, est près de la bouche qui adresse quelquefois aussi de sanglans reproches... Plus d'aumône!

donc, plus de reproches !

Etablissons le devoir, mais le devoir fraterternel, source si pure d'où jaillira bientôt la solidarité entre tous les hommes.

Notre caisse de réserves résumera en elle la *prévoyance* et le *devoir* des travailleurs matériels; car elle pourra, par une sage répartition égalitaire, venir en aide aux frères malheureux frappés dans leur besoin quotidien par suite de temps difficiles et de crises inattendues.

Cette caisse de réserves enfin dont nous avons parlé dans notre quatrième chapitre, pourrait, je crois, suffire aux exigences anormales qui se feront sentir particulièrement chez les individualités collectives, lesquelles ne sont garanties, matériellement parlant, que par la production active et régulière des instrumens de travail, si ces mêmes caisses pouvaient recevoir en dehors de leur cercle quelques autres prévoyances également fraternelles.

En effet, si les producteurs matériels collectifs sont des créatures fraternellement égales, en droit, comme hommes et comme citoyens, à celles libres des deux catégories supérieures de la propriété, en fait, aussi, elles devraient, par le *devoir* imprimé moralement à ces deux classes supérieures, être soulagées pour des temps néfastes dans leur pain quotidien.

Pour une pareille mesure, si belle et si morale, j'en appellerai au pouvoir républicain de la France, éminemment paternel et prévoyant.

Ne pourrait-il pas, dès aujourd'hui, fonder dans chaque chef-lieu de département la caisse des réserves des producteurs matériels que notre système instituera ultérieurement, et y appeler et grouper immédiatement les dons et legs que, par devoir, tous les citoyens indistinctement voudraient y déposer, soit de leur vivant, soit après leur mort.

Ainsi, les meubles, maisons, terres, marchandises, rentes, argent, bijoux, etc., etc., pourraient être légalement reçus par ces caisses. Il ne faudrait pour cela qu'un décret du Gouvernement provisoire, et bientôt après nous pourrions espérer qu'ensuite de notre système organisateur et de nos réserves sagement combinées, comme aussi de la protection toute particulière dont nous gratifierait fraternellement le pouvoir, arriver enfin à un état de chose réel, garanti, immuable; et, comme les hospices, les maisons de refuge, les communautés religieuses, qui sont grandement, largement institués, aptes qu'ils sont à palper et percevoir les dons et legs de la charité publique; pourquoi, disons-nous, ne pas également placer ces caisses sous les douces influences de la rosée bienfaisante du *devoir* qu'ont inné en eux les hommes *pourvus* et *dotés*? Ces hommes généreux, avant de quitter leurs dépouilles mortelles pour s'élancer vers le ciel, pourraient bien laisser tomber sur leurs frères d'ici-bas un soupir plein d'amour et de prévoyance fraternelle... Que le pouvoir y réfléchisse mûrement, tous les travailleurs matériels sont dans l'attente d'un pareil décret.

Voilà ! frères de toutes les conditions, ce que mon cerveau fatigué par suite d'un travail lentement combiné, et que huit années bien laborieusement employées ont pu produire !

J'ai mis à jour tous les sucs matériels renfermés dans mon cœur ; j'ai épuisé également tout l'enthousiasme que possédait mon âme ! j'ai enfin passé le tout au creuset de ma faible intelligence, qui s'éteint sensiblement ; puis, telle que la voilà, toute brute qu'elle est, voici mon œuvre! je la dépose en face d'un présent qui croule avec éclat et d'un progrès rénovateur immense qui va soudainement s'accomplir ! La lumière va se faire ; ouvrons les yeux.

Je ne me permettrai pas de toucher à l'organisation du travail agricole, n'ayant par moi-même aucune connaissance sur cette partie si intéressante des richesses nationales.

Je me bornerai seulement à faire observer que puisque tout en ce monde est relatif entre les hommes et entre les choses, pourquoi, puisque nous avons pu organiser le travail au sein des villes, ne pourrait-on pas l'organiser dans les campagnes? Croit-on être fondé à désespérer des travailleurs des campagnes, au point de croire qu'il ne s'en présentera pas un dévoué de cœur et d'âme pour le bonheur de ses frères ? Détrompons nous, cet homme pratique se révélera ; soyons sans inquiétude et espérons !

Voici généralement comment je comprendrais l'organisation agricole :

Chaque département, selon son importance territoriale ou relative productive, aurait, plus ou moins, des *ateliers nationaux agricoles* où tous les instrumens nécessaires à la production, et les animaux également nécessaires à leur mise en action seraient tous réunis.

Ces centres collectifs également associés entr'eux par chaque département, et solidaires entre tous les départemens, organisés et dirigés comme ceux des villes par les hommes les plus moraux, les plus instruits et les plus dévoués, par voie d'élection et à la majorité, pourraient, je suppose, comme les associations collectives des villes, offrir suffisamment de garanties.

Toutefois, les travailleurs qui n'auraient pas de domicile réel dans leur département vivraient en commun au siége de chaque exploitation et sous le régime phalanstérien, ou bien par famille, peu importe.

Les avantages immédiats qui résulteraient d'un semblable mode d'organisation collectif et phalanstérien seraient incalculables, d'abord au point de vue politique — garde nationale et électeur politique, mais encore au point de vue social, pour le rapport des terres et le marchandage des travaux envahis depuis bien longtemps par les fermiers ; véritables aristocrates exploiteurs des deniers du possesseur et des sueurs du travailleur agricole. De plus, nous aurions l'abolition immédiate des vieilles habitudes encroûtées de ces espèces d'autocrates qui ne veulent écouter aucun progrès agricole, leur savoir, selon eux, lui étant bien supérieur.

Nous aurions ensuite la possibilité, au moyen de ces centres collectifs phalanstériens, ou colonies agricoles, de pouvoir entreprendre en grand les canaux, chemins de fer, routes, chemins communaux et vicinaux, cours d'eaux, irrigations, paturage, etc., les lits des fleuves et les rivières ; les forêts et leur reboisement, dont on parle toujours et que jamais on exécute; le desséchement des marais ; l'exploitation des mines, des houillères et des carrières de toutes sortes, soit pour le compte de l'état, soit pour celui des particuliers ou des compagnies.

Ainsi, au moyen d'un simple contrat et d'un travail par journée de dix heures, et par zones, comme nous avons divisé la France, on pourrait réaliser sans conteste les travaux les plus gigantesques et les mieux organisés.

Voilà nos vues générales d'organisation agricole ; qu'un travailleur matériel spécial les coordonne, et tout ira bien.

CONCLUSIONS RÉVOLUTIONNAIRES DE L'AUTEUR AU SUJET DE LA PROPRIÉTÉ DES INSTRUMENS DE TRAVAIL.

Napoléon a dit (*Journal des conversations de l'Empereur*, par Las-Cases) : « Jadis on ne connaissait qu'une espèce de propriété, celle du terrain. Il en est survenu une nouvelle, celle de l'industrie, qui est en ce moment aux prises avec la première. » Il appelait cette grande lutte de nos jours la guerre des champs contre les comptoirs, celle des créneaux contre les métiers.

« C'est pourtant, disait-il, pour n'avoir point voulu reconnaître cette grande révolution dans la propriété, pour s'obstiner à fermer les yeux sur de telles vérités, qu'on fait tant de sottises aujourd'hui, et que l'on s'expose à tant de bouleversemens.

» Le monde a éprouvé une grande désorganisation, et il cherche à se resserrer. Voilà, en deux mots, terminait-il, toute la clef de l'agitation universelle qui nous tourmente. On a désarrimé le vaisseau, transporté le lest de l'avant à l'arrière, et de là ces furieuses oscillations qui peuvent amener le naufrage à la première tempête, et l'on s'obstine à vouloir le manœuvrer comme de coutume, sans avoir obtenu un équilibre nouveau. »

Je suis heureux de pouvoir m'appuyer des paroles prononcées par le grand homme, et recueillies si religieusement par son ami fidèle, pour démontrer victorieusement aujourd'hui qu'au sujet de la propriété, la France se trouve exactement dans les mêmes conditions qu'alors.

La propriété du premier degré, la terre; la propriété du deuxième degré, l'intelligence, le commerce; la propriété du troisième degré, les forces physiques naturelles et artificielles, ne sont-elles pas toutes les trois dans une seule et même main, — la bourgeoisie ? — N'a-t-on pas, par la proclamation de la République de 1848, nivelé toutes les classes féodales, financières et bourgeoises en une seule dénomination, la nation ? Mais le peuple, lui, le producteur matériel, quoique nivelé politiquement, ayant droit de vote, n'en reste pas moins peuple pour les possesseurs de la propriété. Où sera le contrepoids à opposer aux envahissemens insatiables de ceux qui déjà possèdent? Où sera la force résistible du peuple ou producteur matériel s'il n'a pas doté pour maintenir l'équilibre si nécessaire à la République ?

Quel sera, enfin, l'ouvrier assez courageux ou assez résolu pour résister aux volontés de l'exploiteur de 1848, qui l'occupe moyennant salaire, lorsque ce même exploiteur lui dira : « Tu meurs de faim ! viens à moi corps et âme, et ta famille et toi-même en serez garantis. »

Ainsi que résulterait-il de tout ce qui semble vouloir s'établir aujourd'hui, la propriété sans transformation aucune ? C'est que le peuple, le producteur matériel, divisé par atelier, fabrique, usine, etc., etc., obéissant à la voix de la faim pour lui et sa famille, comme aujourd'hui, il obéit à la menace du chef d'atelier. « Allez ! partez ! je n'ai plus besoin de vos services ; cinquante autres sont là qui ne demandent pas mieux de vous remplacer ; » — le peuple, l'ouvrier, disons-nous, resterait donc, comme toujours, l'instrument passif de l'exploiteur ; et, comme électeur politique ou citoyen-lige inféodé, instrument de menace ou de révolte contre le pouvoir que lui désignerait son maître.

Si cet état de choses est possible, un seul remède pour l'empêcher est aussi possible — les corporations solidaires et collectives entr'elles jusqu'à parfait remboursement de la propriété dite les instrumens de travail ; — transformation immédiate de cette propriété au moyen d'une loi décrétée par l'Assemblée nationale ; propriété appartenant à tous en général, mais n'appartenant à personne en particulier ; propriété, enfin, assurant désormais aux hommes le pain quotidien à toujours !

FIN.

TABLE DES MATIERES.

	Pag.
Lettre de l'auteur à M. Eugène Sue	5
Réponse de M. Eugène Sue	7
Exposition	9

PREMIÈRE PARTIE.

Chap. I. — Misère des travailleurs et réflexions à ce sujet.................................. 17
Chap. II. — De la propriété et de ses métamorphoses. Conséquences désastreuses qui en ont découlé. Monopole de l'argent..................... 26

DEUXIÈME PARTIE.

Chap. III. — De l'organisation de la propriété, afin d'arriver à l'association........................ 42
Chap. IV. — De l'organisation du travail par la corporation ou association collective............ 73
Conclusions révolutionnaires de l'auteur au sujet de la propriété des instrumens de travail........... 101

www.ingramcontent.com/pod-product-compliance
Lightning Source LLC
Chambersburg PA
CBHW070305100426
42743CB00011B/2362